KATHARINA WECK

Jenseits meiner Grenzen der weite Horizont

KATHARINA WECK

Jenseits meiner Grenzen der weite Horizont

Momente zum Innehalten und Kraftschöpfen

Für J. & L.D.

Weil es nicht vollkommen ist
meinen sie, es sei kein Meisterwerk.
Die Welt ist auch nicht vollkommen
Und doch ist sie eines Meisters Werk.

Mascha Kaléko

Inhaltsverzeichnis

Kapazität für Herzensgüte

Ich stehe am Tresen, ein Baby auf der Hüfte, ein Kind an der Hand, eins im Auto. Der Apotheker schaut auf meine Hände, sie sind rau und an mehreren Stellen schon ganz wund. »Haben Sie viel Stress?«, fragt er. Ich nicke. »Sie müssen auf sich achten!«, sagt der Apotheker. Ich lächle. Kein Strahlelächeln, sondern eher höhnisch. Danke für den Rat; könnte ich, würde ich.

Beim Verlassen der Apotheke meldet sich eine Stimme. Sie war schon ganz leise, nur noch ein Wispern im Hintergrund, nun jedoch sagt sie sanft, aber bestimmt: »Katharina, mein Schatz, natürlich kannst du Dinge ändern. Fang mit deinen Gedanken an. Was empfindest du gerade als schlimm in deinem Leben? Was stresst dich am meisten? Du darfst so manches lassen, um andere Dinge, die unbedingt erledigt werden müssen, wieder mit einem weichen Herzen zu tun, ohne Groll!«

Ich schnalle die Kinder an, verteile Traubenzucker, schlichte Streit, und ehe ich den Zündschlüssel umgedreht habe, verschwinden die ersten angeblich so wichtigen To-dos von meiner Liste.

Der Autor Joachim Meyerhoff meinte in der NDR Talkshow zu seinem erlittenen Schlaganfall: »Jeder, der in seinem Leben mal einen Schicksalsschlag erlebt hat, kennt das Gefühl, dass der Schicksalsschlag sagt: ›Bis jetzt hast du dein Leben gesteuert, aber jetzt übernehme ich.‹«

2017 ist unser ältester Sohn, damals fünf Jahre alt, an Leukämie erkrankt. Es folgten zwei Jahre Chemotherapie, die nicht nur ihn fast kaputtgemacht hätten, sondern die ganze Familie. Sein eigenes Kind so leiden zu sehen, reißt einem das Herz heraus, und es bedarf viel Arbeit, es weich zu halten, um nicht zu verbittern.

Wir haben Kinder sterben sehen, und wir wussten zwei Jahre nicht, ob unser eigenes Kind auch sterben wird. Bei all dem Leid haben wir angefangen, das Schöne im Hässlichen zu suchen. Haben lachend Pizza gegessen, in dem Wissen, dass der Platz unseres Sohn vielleicht bald nicht mehr besetzt sein wird.

Unser Sohn lebt, und dennoch ist ein Stück von ihm gegangen. Langsam ist er in einem Alter, wo er versteht, was damals mit ihm geschehen ist, und hat viele Fragen. Und es macht ihn wütend, dass sein Körper manchmal nicht so funktioniert, wie sein Kopf das will.

Wenn er sich wieder einmal darüber ärgert, dass er beim Sport schnell erschöpft ist, erinnert es mich daran, dass wir zwischenzeitlich unser Leben nicht mehr in der Hand hatten. Das wir von Vormittag zu Nachmittag gelebt haben und nicht wussten, was am nächsten Tag auf uns niederschlagen wird.

Und doch gab es in dieser Zeit etwas Gutes. Die Menschlichkeit auf einer Kinderonkologie ist nahezu grenzenlos, und obwohl es dort so viel Leid gibt, gibt es ebenso viel Klarheit. Wenn man den Tod neben sich sitzen hat, wird einem bewusst, wie wertvoll dieses Leben ist. Plötzlich war es nicht mehr schwer, dass Wesentliche vom Unwesentlichen zu trennen.

So habe ich dem Schicksal ein Stück Leben abgeluchst, wieder ein Stück mehr Autonomie, selbst bestimmen, wo es hingeht. Indem ich mich nämlich bewusst dafür entschied, nicht zu verbittern über unser Schicksal, sondern dankbar zu sein, für all die Menschen, die uns Essen vor die Tür gestellt haben und uns damit zeigten, dass wir nicht allein sind. Für die gute medizinische Versorgung in unserem Land, für das eigene Bett, für Netflix.

»Die Fähigkeit, Freude zu empfinden im tiefsten Leid und das Leben zu feiern, wie es kommt, birgt eine unbändige Zufriedenheit. Diese Zufriedenheit spendet Kraft für das, was noch kommt. Zufriedenheit besänftigt den Zorn, lässt die Ohnmacht und Verbitterung über die eigene Handlungsunfähigkeit versinken und füllt das verkrampfte Herz mit Glück, sodass es warm wird und sich lösen kann.

Wenn man den Tod neben sich sitzen hat, wird einem bewusst, wie wertvoll dieses Leben ist.

Und so entschied ich mich in Augenblicken der völligen Finsternis etwas zu finden, das schön ist, und es zu genießen, weil mir klar wurde, dass die Zeit mit den Menschen, die man liebt, mit den eigenen Kindern, endlich ist. Jetzt findet das Leben mit meiner Familie statt, schöne anstrengende Stunden, voller Sinn und Fülle.«

(Aus meinem Buch »Der Chemoritter am Küchentisch – Das Jahr, in dem unsere Familie Krebs bekam«, in dem ich über unseren Leidensweg berichte und lerne, wie man trotz täglichem Leid das Schöne im Hässlichen sehen kann.)

Die Erinnerung ist wieder da: Wir müssen so wenig.

Ich bin nicht der Typ, der alles verkauft, aus der Gesellschaft aussteigt, um mit einem Merinopulli um die Hüften, mit Rucksack auf dem Rücken und den Kindern an der Hand um die Welt zu reisen. Das muss ich auch nicht. Um auszusteigen, muss ich nicht weggehen.

Ich mag unser Haus in Brandenburg, mag, dass es so alt, so muckelig und gemütlich ist. Ich will hier sein. Meinetwegen auch mit dieser Gesellschaft, aber ich will nicht überall »hier« rufen müssen, damit mich meine Umgebung gernhat und ich mich damit auch. Außerdem will ich auch in den nächsten Jahren, wenn für alle anderen Gras über den Krebs unseres Sohnes gewachsen ist, noch den Mut haben, nicht überall mitzumachen. Elternabend? Nö, mir reicht das Protokoll! Meine Kinder ständig hier-, da- und dorthin fahren, nur weil man das so macht? Nö, lieber Geduld üben und Strecken der Langeweile aushalten! Mich aufregen, weil die Mutter von Paul sich aufregt? Nö! Aber atmen, das fände ich toll. Ja, atmen möchte ich weiter. Und da sein für die Menschen, die ich liebe. Platz schaffen für Probleme derjenigen Personen, die ich in mein Herz gelassen habe.

Ich möchte Liebe für andere gespeichert haben, und dafür brauche ich Kapazität für Herzensgüte und muss mich deshalb zunächst einmal selbst mögen.

Selbstliebe hat immer etwas mit Selbstlosigkeit zu tun. Unser Handeln bestimmt uns, nicht unsere theoretischen Vorhaben, die Gedankengebäude in der Nacht. Wenn ich gebe, dann empfange ich. Am besten ist geben ohne große Planung. Eben diese Strategie der Selbst- und Nächstenliebe hilft, das Schöne im Hässlichen zu sehen und auch ohne alles verkaufen zu müssen, auszusteigen.

Ich bin nie eine gute Schwimmerin gewesen und will nicht in dem ertrinken, was scheinbar von mir erwartet wird. Also mühe ich mich folglich nicht damit ab, besser und schneller schwimmen zu lernen, sondern plansche einfach nur mit den Füßen. Und das fühlt sich gut an.

Ein Koffer voller Angst

Vorletzte Nacht stand ein kleiner Junge an meinem Bett, mit wild zerzaustem Haar, den Stofflöwen fest im Arm. Weinend sagte er mir, dass er Beinschmerzen hat.

Ping, sofort war ich hellwach. »Beinschmerz« ist bei uns das Pseudonym für »das Böse.« So haben wir den Krebs damals bemerkt, am Tag war Phileas lange Zeit symptomfrei, aber nachts waren die Schmerzen so groß, dass er sie herausschreien musste.

Phileas schlüpft unter meine Decke und ich fange an, seine Waden zu massieren. Wie lang seine Beine geworden sind. Als ich bei den Füßen ankomme, merke ich, dass dort etwas liegt. Ein Koffer, braun, aus Leder, die Scharniere schon ganz abgegriffen vom vielen Auf- und Zumachen.

Ich öffne ihn nicht, denn ich weiß, was drin ist. Es sind meine Ängste und Sorgen. Noch vor Kurzem wölbte sich der Deckel und ging kaum zu vor lauter Ballast. Ich musste mich draufsetzen, um ihn zu bezwingen. Inzwischen ist er leerer geworden. Gerade droht der Inhalt erneut anzuschwellen, so sehr, dass ich ihn wieder nicht tragen kann. Dann liegt der Koffer mitten im Weg, wir stolpern drüber, er nimmt einfach zu viel Platz im Alltag weg. Nimmt Raum, und manchmal habe ich sogar das Gefühl, dass er uns die Luft zum Atmen stiehlt.

Ich habe mit diesem Koffer sehr viel Zeit verbracht. Habe mich vor ihm hingekniet, das Leder gepflegt, die Scharniere geölt, bin den Inhalt Stück für Stück durchgegangen. Oftmals saßen Weggefährten neben mir, die mir halfen, ihn zu ordnen und auszusortieren. Die mir halfen, ihn ein Stück zu tragen.

In dieser Nacht entscheide ich mich, den Koffer zu nehmen und in die Kammer zu stellen. Behutsam, denn auch wenn mir der Anblick die Kehle zuschnürt, weiß ich um seine Wichtigkeit. Die Angst ist für unser Überleben wichtig, sie macht uns wachsam. Die Sorge ist ein Teil von uns. Dennoch darf ich entscheiden, wie groß dieser Teil ist, weil von Angst ausgelöstes Kreisdenken mich vollkommen blockieren kann. Es wird kommen, wie es kommen wird. Diese Tatsache kann ich besser mit dem Wissen ertragen, das ich nicht allein bin. Gott wacht über uns.

Dieses Wissen beruhigt mich, ich muss niemanden wecken, mich nicht erklären. Er ist da. Egal, ob ich nun die ganze Zeit wach bleibe oder einschlafe. Oftmals sind meine Worte wie das Bitten eines Kindes. Ich möchte, dass Gott sich auf meine Bettkante setzt, dass er mir sagt, dass er die Nacht dortbleibt, dass er da ist, komme was wolle.

Am Tag kann die Angst allerdings ebenso groß sein. Dann hilft mir schnelle Ablenkung oder das Gegenteil, totales Verweilen. Je nachdem, in welcher Situation ich mich gerade befinde, wähle ich einen der beiden Gegensätze aus. Mit dem Wissen, das Ängste normal sind, dass es in Ordnung ist, sich zu fürchten, nur verlieren sollte man sich nicht darin.

Und in dieser Nacht möchte ich mich zu unserem Sohn kuscheln, mich um ihn kümmern, anstatt vor Angst gelähmt zu sein, von dem, was war, von dem, was kommt. Ich möchte die Gegenwart unseres Jungen wahrnehmen und mich freuen, dass er da ist, dass ich ihn versorgen kann.

Kurze Zeit, eine Wärmflasche und Massage später, schläft unser Sohn friedlich neben mir ein. Und ich merke, wie auch ich anfange wegzudämmern.

Das unsichtbare Wesentliche

Ich war nie ein Fan des Kleinen Prinzen von Antoine de Saint-Exupéry. Wahrscheinlich, weil alle das Kunstmärchen ganz toll und ganz tiefgehend fanden, als ich ein Teenie war. Das wohlbekannte Zitat »Man sieht nur mit dem Herzen gut. Das Wesentliche ist für die Augen unsichtbar« ist mir gestern in einem Buch wiederbegegnet. Ich mochte es im Gegensatz zu dem ganzen »Ich-hab-ne-Tasse-vom-Kleinen-Prinzen-Zirkus« schon damals. Und als ich es gestern las, verstand ich es auch.

Das Wesentliche, inzwischen ein guter Freund von mir, steht da und schaut mich an. Es nimmt mich nicht ständig in den Arm, aber es ist immer da. Wenn ich meine Augen vor der schnell verpuffenden visuellen Ästhetik verschließe, sehe ich es. Es steht da, zottelig, ungeschminkt, und zeigt mir in seiner Vollkommenheit, was wichtig in meinem Leben ist.

Mein Herz, es atmet das erste Mal nach Jahren auf. Es will leben, sehen, verstehen! Das Wesentliche hilft ihm dabei.

Ich merke es immer wieder: Ich bin glücklich. Im Moment. Wenn ich weiter als eine Woche schaue, wird es mir schnell zu viel, all diese Organisiererei, Planerei, Versorgerei. Es ist so vielschichtig. Inzwischen sind zwei kleine Menschen und zwei große in meiner Familie (einer davon ich), dazu einer in meinem Bauch. Die kleinen Menschen brauchen unsere Hilfe als Eltern, unsere Begleitung. Sie wollen am Tag an unserer Hand laufen und nachts in unseren Armen schlafen. Manches Mal frage ich mich, wie das gedacht ist. Wie das Ungleichgewicht aus Alltag und Versorgen von einem oder mehreren Kindern funktionieren kann. Mit Kindern, und das ist das Schöne, ist vieles nicht planbar. Doch darin liegt auch die größte Herausforderung: sich immer wieder neu zu öffnen und auszuhalten, dass wenig nach Wunsch läuft, dass die Rolle der Eltern häufig daraus besteht, sich ungenügend zu fühlen.

Aber die Gegenwart ist gut. Wenn ich morgens einen Apfel für die Brotdose schneide, dann schaffe ich das. Ich schneide Spalte für Spalte, sehe den Saft, der auf das Holzbrett tropft. Werfe die Schale in den Kompost, lege die Äpfel in die Box.

Wenn ich aufschaue und die Millionen Brotdosen sehe, die es noch zu befühlen gilt, wird mir schwindelig. Deswegen bleibe ich bei der einen Schulbox und bei der qualvollen und zugleich guten Erkenntnis, dass ich nicht weiß, was kommen wird. Ich kann planen und endlos lange Listen schreiben und lande doch immer wieder bei der unumstößlichen Wahrheit, nicht zu wissen, was der nächste Tag in seinen Händen hält.

Das Wesentliche: plappernde Kinder, die aus der Kita und von der Schule abgeholt werden, dreckige Fenster, die einem trotzdem den Blick nach draußen gewähren, Hände, die fühlen, Beine, die gehen, üppige Blätter, die im Wind rauschen. Kinderhände, die im Sand wühlen, Wasserdampf, der die Scheibe beschlägt.

Ich schließe meine Augen und sehe, was für mich am heutigen Tag das Wesentliche ist. Ist es nicht schön!

Windeinstellung

Der Wind fährt mir durch die Haare, schlüpft unter meinen Pulli, lässt mich erschaudern. Es ist der Beginn unseres Urlaubes. Wir sind auf einer kleinen Insel in Dänemark mitten in der Nordsee gelandet. Wir haben Juli, doch seit unserer Ankunft wehen orkanartige Winde über die Insel.

Ich hasse Wind. Er macht, dass ich friere, bringt mich durcheinander. Es kommen maulige Worte aus meinem Mund, alle in dem kleinen Ferienhaus nerven mich. Ich schnappe mir meine Jacke und gehe an den Strand, der am Ende des Gartens liegt. Hier an der Spitze der Insel ist der Wind noch stärker. Ich schaue trotzig aufs Meer, und ich schäme mich.

Wind, was für ein lausiger Grund für schlechte Laune. Und dann auch noch an einem so schönen Ort wie diesem.

Ich beginne, die Küste entlangzulaufen. Ich fange an zu weinen. Auch in meinem Kopf stürmt es.

Ich muss an meinen Mann denken und schäme mich erneut. Wie unfair ich mich verhalten habe. Meine Entscheidung ist gerade gefallen: Trotz Wind und allen Gedanken, die in der Ruhe auf mich niederprasseln, nehme ich mir vor eine gute Zeit hier zu haben. In den Jahren des Ausnahmezustands habe ich dazugelernt, verstehe, dass gerade die Abwesenheit von Leid mich befähigt, über sowas wie das Wetter zu meckern. In den Jahren der Angst und Ungewissheit wäre ich nie

*Mein Einfluss auf diese
Welt ist begrenzt, und das
ist in Ordnung.*

darauf gekommen, mich über so etwas wie Wind zu beschweren oder mich gar vor ihm zu fürchten. Meine Monster waren viel zu arrogant, um sich mit etwas wie Wind auseinanderzusetzen. Der war einfach da. Genauso wie dreckige Töpfe in der Küche, missmutige Nachbarn, lange Schlangen an der Kasse, eine Parklücke, die sich jemand anders schnappt, Kinder, die morgens nicht aufstehen und abends nicht schlafen gehen wollen. All das war einfach da. Aber meine Monster haben sich entschieden, solchen Lappalien die kalte Schulter zu zeigen. Sie haben nur die ganz große Angst und Wut bedient; immer neue Behandlungsschritte, ein Junge, der fünf Wochen nicht gelacht hat, Nächte, in denen mein Herz gerast ist wie ein ICE, schlimme Nebenwirkungen der Chemo: Anämie, allergische Reaktion, offene Stellen am Körper, das waren die Themen unseres Alltags.

Es ist abends, wir sitzen vor dem Kamin, das Holzhaus knackt, ich atme tief durch und entschuldige mich.

Noch später abends sitze ich im Bett, froh darüber, dass mein Mann nicht nachtragend ist und meine Launen gern schnell wieder vergisst. Da macht es »Blubb« in meinem Bauch. Ich lächle. Der erste Sommerurlaub mit dir, mein Baby.

Auch das habe ich gelernt: nicht ungeduldig auf die Geburt eines Babys zu warten, sondern jetzt die Zeit mit dem Ungeborenen zu genießen. Während ich über meinen Bauch streichle, frage ich mich, wie ich so zornig werden konnte. Ich bin schwanger mit unserem dritten Kind. Lange war nicht klar, ob wir einen unserer Söhne verlieren würden. Dann haben wir gekämpft, und obwohl wir nach diesem Kampf nur noch wackelig auf den Beinen standen und uns allzu bewusst war, wie zerbrechlich das Leben ist, war unser Gottvertrauen so groß, dass wir uns entschieden haben, einen Anflug von zartem Mut zuzulassen. Noch ein Kind. Trotz großer Ängste, obwohl man raten könnte, erst einmal alles zu verarbeiten, zur Ruhe zu kommen. Ich bin allerdings inzwischen der Überzeugung, dass nie alles gut sein wird. Ich fühlte mich psychisch und körperlich wieder so stabil, dass ich mir eine weitere Schwangerschaft zutraute. Das waren meine Fixpunkte, wieder eine gewisse Spannung und Kraft zu verspüren, damit ich aufrecht stehen kann. Was kommt, wie es weitergeht, wer vermag das schon zu sagen.

Das ist meine Zeit. Mit den Kindern, mit meinem Mann, mit dem Ungeborenen, mit mir. Ich erinnere mich an die Worte von Dietrich Bonhoeffer: »[...] es ist eine immer wieder merkwürdige Beobachtung, dass man Unabänderliches ganz anders aushält, als wenn man dauernd den Gedanken hat, man könnte irgendwas erleichtern.«

Ich kann den Wind nicht abstellen. Doch ich kann meine Einstellung zu ihm ändern. Ich kann unsere Kinder nicht vollends bewahren, das Haus nie in einen picobello Zustand bringen, habe nur bedingt Energie. Ich kann meine Schwangerschaft nicht steuern, hatte keinen Einfluss darauf, dass mir in den ersten Monaten wieder unfassbar übel war. Mein Einfluss auf diese Welt ist begrenzt, und das ist in Ordnung. Es wird nie fertig sein, und es wird auch nie alles gut. Trotzdem darf ich die schönen Momente in vollen Zügen genießen, wohl wissend, dass parallel Anforderungen auf mich warten. Einfach dasitzen und genießen. Und wer weiß, vielleicht darf in der Entspannung auch ein klein wenig Wind wehen.

Spießige Mathematik

Letztens las ich, dass Perfektion etwas für Mathematiker sei. Ich kam ins Grübeln. Also, mit Mathematik habe ich wirklich nie etwas am Hut gehabt – kein Wunder, dass ich an meinen perfektionistischen Ansprüchen permanent scheitere!

In meinem Heimatdorf in Niedersachsen gibt es mathematisch ausgerichtete Gärten, alles ist symmetrisch, nichts darf verrutschen oder zum falschen Zeitpunkt verwelken. Erdflächen um die Bäume minutiös geharkt, kein Blatt dem Zufall überlassen. Ich erinnere mich daran, dass ich das immer als sehr spießig empfunden habe, und dass es, als ich ein Kind war, eine der heftigsten Mutproben war, einmal über die Pflastersteine im Vorgarten von Herrn Wuske zu rennen, um dann über die mit der Nagelschere geschnittene Buchsbaumhecke zu springen. Törchen auf und los. Und wehe er hat einen gesehen, dann hat er sich die Kehle aus dem Leib gebrüllt über uns »ungezogenes Pack.« Adrenalin pur und die Anerkennung des großen Bruders.

Bei der Erinnerung nehme ich mir vor, unserem »wilden« Vorgarten das nächste Mal zuzuzwinkern, statt seufzend zu denken, dass hier noch einiges gemacht werden könnte.

Denn viel lieber würde ich statt Perfektionismus Güte leben. Tomas Sjödin schreibt in seinem Buch »Es gibt so viel, was man nicht muss«: »Sie (die Güte) schließt das Mangelhafte ein und bringt uns einander näher. Wir sind nicht die Summe unserer Niederlagen. Auch nicht die all unserer Schwächen. Wir sind viel mehr als das: Menschen, die im Werden begriffen sind.«

Schön! Und leider überhaupt nicht leicht. Aber ich gebe nicht auf. Spätestens, wenn ich meine Urenkel auf dem Arm habe, will ich diesen mathematischen Anspruchszirkus aus meinem Kopf haben. Vielleicht schaffe ich es sogar bis zu den Enkeln. Oder bis unser Baby im Herbst kommt.
Okay, nicht übertreiben.
Vor allem will ich niemals Kinder von meinem Grundstück jagen. Grenzen sind fließend, Fremde willkommen. Sogar Mathematiker.

Staub von den Kleidern

Cameron Bloom, dessen Frau nach einem Unfall im Urlaub querschnittsgelähmt blieb, schreibt: »Zurückzukehren zu dem, der man einmal gewesen ist, und dabei zu erkennen, wer man wirklich sein könnte – das kann eine sehr schwierige Reise sein.«

Dieser Satz birgt ebenso viel Hoffnung wie Wahrheit in sich.
Es ist eine schwierige Reise, sich nach einem harten Aufprall auf dem Boden mühsam wieder aufzurichten, unbeholfen den Staub von den Kleidern zu klopfen, sich zu orientieren und dabei festzustellen, dass nichts mehr am rechten Fleck sitzt. Alles fühlt sich unangenehm neu, schmerzhaft und herausfordernd an. Und dennoch birgt diese Reise die Möglichkeit sich zu ordnen und die erzwungene Orientierungslosigkeit für das Neue zu nutzen. Um die Welt mit all ihren Schrecken auszuhalten und anzunehmen und dabei das herauszusortieren, was zählt: Liebe! Auch wenn diese ganz zart und zerbrechlich ist. Obwohl man sich für sie jeden Tag neu entscheiden muss. Obwohl Liebe bedeutet, sich zunächst einmal wieder selbst in die Augen zu schauen. Innezuhalten, nicht wegzurennen, sondern es auszuhalten, wie einem gerade zu Mute ist.
Ohne die vorbehaltlose Hilfe liebender Menschen ist es zwar möglich, aber schwerer, aufrecht stehen zu bleiben. Ohne die Liebe derer, die sich ohne Eigennutz um andere kümmern, gerät die Welt schnell

wieder ins Schwanken. Um wieder Liebe für das Leben, mit all dem Leid zu empfinden, wird man gezwungen, den immer wieder bebenden Boden als neuen Alltag anzunehmen. Und zu entscheiden, wer man sein möchte. Dabei zusehen, wie andere ihre Selbstsucht an die Seite schieben, um den Nächsten zu sehen, regt zum Nachahmen an.

Ich hatte vor Kurzem eine prägende Begegnung im Supermarkt. Mir sind, den dicken Bauch vor mir herschiebend, Nudeln runtergefallen. Ein älterer Herr sprang leichtfüßig hin, um sie mir aufzuheben. Sein Handeln war so selbstverständlich. Ich bedankte mich überschwänglich, sodass er meinte, das wäre jetzt wirklich kein Opfer für ihn gewesen. Und dann kamen wir ins Gespräch. Er erzählte mir von seinen Nachbarn, die viele Kinder haben und einen Golden Retriever, und dass er, obwohl die Nachbarn auf der anderen Seite sagen, da müsse jetzt endlich mal ein Zaun hin, keinen zieht, weil er es mag, wenn die Kinder auf einmal bei ihm auf der Terrasse stehen. Mit dem Hund an ihrer Seite. Und dass er nun, obwohl er Rentner ist, noch ein paar Vorträge hält, da freut er sich drauf. Dass ihm nicht langweilig ist und dass das Leben doch schön ist.

Dieser Moment, wenn man alle Kraft zusammennimmt und wieder aufschaut, in die Augen des Gegenübers, und es zulässt, dass erzählt wird, dann begrüßt einen die Lebendigkeit in ihrer vollen Pracht und lässt einen ein kleines Stück vom Boden abheben. Ich spürte in diesem Augenblick Achtung und Nächstenliebe und etwas, was ich lange nicht gespürt hatte: Leichtigkeit. Ich bekam ein Stück seiner Leichtigkeit. Nichts erwarten, ohne Stress, weil Menschen Menschen brauchen.

Gelebte Nächstenliebe

Nächstenliebe, die: innere Einstellung, aus der man heraus bedingungslose Opfer für jemanden bringt.

Ihr Menschen da draußen; Schwestern, Cousins, Nachbarn, Mütter, Tanten, Freundinnen, Brüder, Väter. Ihr, die ihr andere Menschen in schweren Zeiten unterstützt, die ihr mitweint und mitlacht, Drogerieeinkäufe erledigt, Kinder betreut, Wohnungen saugt, Rasen mäht, Hände haltet, Taschentücher reicht.
Unterschätzt eure Leistung nicht! Ihr sichert das Überleben in schweren Lebenssituationen. Oftmals ist man als helfende Person nicht sicher, ob das Angebot überhaupt nützlich ist, ob man an der richtigen Stelle den doppelten Boden positioniert hat. Doch die Platzierung ist gar nicht so wichtig. Dass sich jemand die Mühe macht, die Spanngurte von den großen blauen Matten zu lösen, sie umzukippen, um sie hinter sich herzuziehen und unter den schweren Alltag zu legen, ist hilfreich.
Als ich nach der Leukämiediagnose die vierte Woche in Folge mit unserem Sohn auf der Kinderonkologie verbrachte, waren es eben diese Menschen, die mir das stille Versprechen gaben, dass wir es schaffen würden, gemeinsam. Dass unser Leid ihr Leid ist.

Ihr Menschen da draußen; Unterschätzt eure Leistung nicht!

Menschen, die für uns da waren, ohne uns mit der Frage »Wenn ihr Hilfe braucht, sagt Bescheid« zu belasten. Vor der Tür standen und uns in dem Moment, als wir zu fallen drohten, dafür sorgten, dass der Aufprall abgefedert wird. Nicht fragend, sondern handelnd.

Stimmt, zu der Überlegung, was mein Gegenüber braucht, gehört eine Portion Sensibilität und Empathie. Dennoch müsste man ein ziemlicher Holzklotz sein, um sich mit einem Hilfsangebot in die Nesseln zu setzen! Samuel Koch sagt dazu: »Natürlich: Wer nichts tut, kann auch nichts falsch machen. Aber auch nichts richtig.«

Häufig sind es die kleinen Gesten, die guttun: Hilfe im Alltag oder einfach nur ehrliche Anteilnahme. In Kauf nehmen, dass man nur kurz etwas abgibt, wenn man vor der Tür steht, und dann ohne viel Small Talk wieder geht.

An Tagen, an denen wichtige Behandlungen anstehen oder es neue Informationen gibt, morgens eine SMS schicken. Ein »Ich-denke-an-dich-ohne-dass-du-reagieren-musst.« Uns Menschen fällt es schwer, dem sichtbar Leidenden den Schmerz nicht nehmen zu können. Doch darum geht es nicht. Die Motivation sollte nicht sein, eine Lösung zu finden, sondern die Selbstlosigkeit. Den Schmerz des Gegenübers aushalten und sich dabei immer wieder daran erinnern, dass Menschen, die es schwer haben, oftmals schwierig sind und Verständnis dafür zu haben. Zuhören, wenn immer und immer wieder die gleiche Geschichte erzählt wird. Auch praktisches Handeln ist eine Hilfe. Dabei, auch wenn es schwerfällt, Tipps oder Erfahrungsberichte für sich behalten.

Ich habe mal bei Instagram die Frage gestellt, was in der Not hilft und wurde überschüttet mit Antworten. Um die Nachrichtenflut zu ordnen, habe ich sie in die fünf häufigsten Antworten zusammengefasst.

1. Essen vor die Tür stellen. Ohne Small Talk oder Erwartungen. (Die Tür aufzumachen, um den Müll herauszubringen und einen Topf Suppe vorzufinden, hat mir geholfen, die verbleibenden Stunden des Tages zu schaffen)

2. Zusammen schweigen können, den Schmerz gemeinsam aushalten, keine Ratschläge, einfach Dasein, und das muss gar nicht immer und ständig sein, aber beständig

3. Kleine Aufmerksamkeiten, ein »Ich-denke-an-dich«, liebe SMS, Briefe, Karten, Blumen, eine Kerze ins Fenster stellen und ein Foto davon schicken.

4. Praktische Hilfe; Kinder aus der Kita/Schule abholen, einkaufen gehen, Wäsche waschen, Rasen mähen etc.

5. Auch Jahre nach dem Tod eines geliebten Menschen an den Todestag denken und sich melden, denn Trauer verjährt nicht.

Zu den Antworten gab es häufig Geschichten der Nächstenliebe. Neben den Menschen, die den Betroffenen nahestanden, waren es auch Menschen, die geholfen haben, mit denen eher flüchtig der Alltag geteilt wurde.

Bei uns war es beispielsweise eine Mutter von dem Kitafreund unseres Sohnes. Eigentlich kannten wir uns gar nicht richtig, und dennoch rief sie in der zweiten Woche nach der Diagnose an und fragte mich, ob die Gerüchte in der Kita über Phileas stimmen würden. Es gab einen kurzen Austausch und sie sagte, wenn wir etwas brauchen, sollten wir uns melden. Doch es blieb nicht dabei. Wahrscheinlich wusste sie, dass ich mich nie melden würde, und so schrieb sie mir regelmäßig, lud uns zum Spielen ein, wenn Phileas Immunsystem es erlaubte. Das war mutig, denn zum Spielen kamen ein totkrankes Kind und eine labile Mutter. Sie hielt es aus. Nachdem unser Sohn in die Erhaltungstherapie kam und sogar eingeschult werden konnte, hatte er immer wieder verschiedene, durch die Chemo bedingte körperliche Probleme. Eins davon betraf die Haut. Er hatte starken Juckreiz und Leberflecke, die zu schnell wuchsen. Eigentlich hätte das Arztbesuche zu den ohnehin schon vielen Terminen in der Kinderonkologie bedeutet. Und das, wo wir uns doch nichts sehnlicher wünschten, als einen normalen Alltag zu leben. Als ich der Mutter bei einem unserer Treffen davon erzählte, sagte sie, sie sei Hautärztin und könnte sich das angucken. Sie hatte zwar im Alltag mit einer eigenen Praxis und zwei kleinen Kindern viel zu tun, kam aber danach regelmäßig nach ihrer Arbeit zu uns nach Hause und kontrollierte die betroffenen Hautstellen. Mit solch einer Selbstverständlichkeit. Ich muss immer noch lächeln, wenn ich an diese selbstlosen Kontrolltermine denke. Sie hätte in der Kita auch einfach weghören können, aber sie hat sich entschieden uns zu helfen, auch wenn sie dafür aus ihrer Komfortzone gehen musste.

Eine weitere Person, die uns sehr geholfen hat, war unsere Nachbarin. Als unser Sohn erkrankte, war auch sie eine Fremde.
Diese Nachbarin bot uns sofort ohne Erwartungen Hilfe an, als sie von Phillis Diagnose hörte. Sie kochte uns Essen und lud uns ein, um uns einen Moment aus der Krebsblase zu holen. Oftmals saß ich bei ihr apathisch im Stuhl, keine Kraft, um etwas zu geben, nur froh, dass unsere Jungs für einen Moment Kinder sein durften. Diese Nachbarin ist inzwischen eine gute Freundin von mir geworden. Noch immer bin ich sprachlos über ihre uneigennützige Hilfsbereitschaft. Es stand nicht in ihrer Macht, unseren Sohn zu heilen, doch sie entschied sich, einen Teil unseres Leids mitzutragen, und so bekamen wir immer wieder Kraft, um weiterzumachen.
Sie stellte den ganzen Winter hindurch eine Kerze ins Fenster, damit ich, wenn ich mich zum Weinen auf dem Klo eingeschlossen habe, sehen konnte, dass ich nicht allein bin. Es ist wichtig, dass Kinder die Emotionen der Eltern erleben, damit sie einschätzen können, was los ist, damit sie sehen, dass es völlig normal ist, zu weinen, zu zeigen, dass man müde ist, geschafft, enttäuscht. Das auch Eltern Ängste haben. Dennoch war diese Form der Angst so gewaltig, dass ich diese Momente im Badezimmer brauchte, um mich zu sortieren. Ich wollte dann mit niemandem reden, sondern mich verkriechen. Wenn keine Tränen mehr kamen, stieg ich auf unseren Badewannenrand, um aus dem Fenster gucken zu können. Über zwei Nachbargärten hinweg sah ich das Licht der Kerze leuchten. Es war immer da. Ich

weiß nicht, wie sie das gemacht hat. Selbst Mutter von vier Kindern, in einer Patchworkfamilie lebend und alle Hände voll zu tun, nahm sie jeden Tag die Streichhölzer, um mir zu zeigen, dass für uns ein Licht brennt. Dass ihre Tür immer einen Spalt breit offen ist, damit ich mich nicht so alleine fühle.

»Mich ängstigt nicht
der Wind
und das Geräusch
der Stadt,
solange nur
die Tür
hinaus zum Flur
und auf den Gang
zu dir
noch eine Handbreit
offen steht
und angelehnt ist
an dein Licht.«

Hans Günther Saul

Dieses beständige Licht war es, das mir in dunklen Zeiten den Weg beleuchtet hat. Er war dadurch nicht schöner, jedoch besser zu erkennen. Ich hatte weniger das Gefühl herumzuirren. Ich denke, dass ist der Inbegriff von Hilfe; Menschen, die einem im Leid in der Überforderung helfen, damit man weniger herumirrt.

Die bittere Pille

Mein Baby, unser Sohn, da bist du endlich, vollkommen, kein Makel ist zu finden, nur ein Wunder. Nun liegst du schon seit einigen Tagen in meinen Armen und ich kann nicht begreifen, auch nicht beim dritten Kind, dass so etwas Unsagbares möglich ist. Ich bin erschöpft, an ein leises, störungsfreies Wochenbett ist nicht zu denken, aber es bleibt genug Zeit, um dich einzuatmen.

Als gestern der Kinderarzt wie auch damals bei deinem Bruder zur U2 zu uns nach Hause kam, auf leisen Sohlen und mit sanfter Stimme, um dich zu untersuchen und mir mit einem Lächeln mitzuteilen, dass du ein vollkommen gesunder Junge bist, musste ich unweigerlich schlucken.

Dein großer Bruder, unser Erstgeborener, war immer ein »kerngesunder Junge«, selten krank, immer alle Werte im Normbereich, bis zu dem Tag, als nichts mehr stimmte.

Als ich gestern am Wickeltisch stand und in die beruhigenden Augen des Arztes schaute, konnte ich nur denken: »Nichts hat Bestand, auch nicht die Gesundheit unseres neusten Familienmitgliedes, unseres kleinen Jungen, für den ich schon in der Schwangerschaft so viel Mut brauchte.« Auch ihn werde ich halten, stillen, pflegen und mit Liebe überschütten, doch sein Leben, sein Leben habe ich nicht in der Hand. Ich musste mich für den Moment der Erkenntnis am Wickeltisch festhalten, bemüht, das Lächeln des Kinderarztes zu erwidern.

Die Erkenntnis, dass ich nichts in der Hand habe, ist nicht neu und trifft mich dennoch hart, denn diese Pille ist bitter und kaum zu schlucken. Und ich fühle es ebenso stark wie damals, mein Baby, als ich nicht wusste, ob dein großer Bruder sterben wird. Seitdem muss ich mich immer wieder daran erinnern, was wir brauchen: Liebe, Vertrauen, Demut und die Fähigkeit, Tag für Tag dafür zu sorgen, dass die Bitterkeit der Pille runtergespült wird, damit sie sich nicht in unseren Herzen ausbreiten kann. Es braucht genügend fließendes Wasser, damit aus der Bitterkeit keine Verbitterung wird.

Mein Baby, so friedlich liegst du hier auf meinem weichen Bauch, und ich bin mir meiner Begrenztheit bewusst, die so hart und gleichzeitig aufrichtig ist. Ich habe nichts in der Hand, doch mein Herz in der Brust ist weich, und ich werde dafür sorgen, dass es so bleibt. Für euch, für mich. Ich darf mich mit all meinen Rundungen und Kanten lieben. Ich bin gut. Und voller Fehler. Und das Beste: Ich werde geliebt, mit allem drum und dran.

In Epheser 3,17 heißt es: »Und ihr seid in der Liebe eingewurzelt und gegründet.« Das klingt nach einem Fundament, nach einem Versprechen.

Egal, was auf der Erde so los ist, wie du aufgewachsen bist, ob dein Job gut und deine Beziehung glücklich ist, du bist in der Liebe Gottes eingewurzelt. Daraus werden Nährstoffe geschöpft. Diese Liebe möchte nichts, sie ist nicht an Bedingungen geknüpft. Ich schließe die Augen und kann atmen. Dieser Atem geht tief in den Bauch, er lässt mich wachsen. Gottes Liebe ist mein Schutz. Ich hätte aus menschlicher Sicht jedes Recht gehabt, Gott zu verdammen, ihn mit einem süffisanten Lächeln zu sagen, er soll verschwinden. Ich hätte laut schreien können: »Hau ab, hau ab mit dieser ganzen ›Ich bin bei euch alle Tage bis ans Ende der Welt‹-Scheiße.« Nirgendwo warst du. Du hast zugelassen, dass an dem Körper unseres Sohnes keine heile Stelle mehr war. Du hast auf seine offenen, eiternden, nicht heilen wollenden Wunden geguckt und mit den Achseln gezuckt. Da war kein Wunder. Da waren nur Krankheit und Tod. Kinder, die gestorben sind. Und ein kleiner Bruder, der an der Hand immer hinterhergezogen wurde. Und eine Ehe, die nur noch aus Schichtübergabe bestand, aus Schweigen und Aushalten, aus stillen Tränen, Überforderung und Alkohol. Weil niemand diese Ohnmacht 24 Stunden im vollen Bewusstsein aushalten kann. Es macht einen kaputt. Und auch wenn die medizinischen Möglichkeiten unseren Sohn nicht haben sterben lassen, hat es damit das Erlebte nicht gelöscht. Das ist in uns. Verwachsen, nicht mehr zu trennen von unserem Geist. Ja, ich hätte allen Grund gehabt, an der Existenz Gottes zweifeln zu können. Das ist auch alles ein wenig merkwürdig; etwas Großes, das im Himmel ist, aber auch neben mir. Das die Erde überflutet, aber alles wachsen lassen kann. Nicht greifbar und dabei die vollkommene Liebe.

Ich habe keine Sekunde daran gezweifelt, dass es einen Gott gibt. Es gab und gibt auch heute noch immer wieder Phasen, in denen ich mich unruhig durch das Internet klicke, mit lieben Menschen telefoniere, Projekte starte. Alles in der Hoffnung, dass es in mir ruhig wird, dass die pöbelnden Stimmen in meinem Kopf schweigen. In dieser Hoffnung werde ich immer eiliger, bin mir sicher, dass mir irgendetwas schon helfen wird. An manchen Tagen geht es schneller, an anderen brauche ich einen Moment, um zu merken, dass ich stehen bleiben muss, um ruhen zu können. Um die Tiefe zu spüren, das Zugrundeliegende unter der Ratlosigkeit. Dass das, was die Welt mir gibt, nicht genügt. In meinem Kopf ist es schon angekommen, aber meine Füße machen immer noch unruhige Schritte hierhin und dorthin. Dalai Lama im Kopf, Speedy Gonzales im Rest des Körpers. Stopp! Halt! Aufhören!

Alles, was ich bin, gebe ich dir, Gott. Alles, alles, alles. Meine Beine bleiben stehen, ich sinke nieder. Ich darf aufhören zu produzieren. Dieser ganze Kram, der auf meinen Schultern liegt,

> *Dalai Lama im Kopf, Speedy Gonzales im Rest des Körpers.*

tonnenschwer, der Anspruch, ich müsste dennoch geradestehen und stark sein, fließt von meinen Schultern. Gleitet zu Boden. Er kleckert vor meine Füße. Mein Kopf beugt sich, ich darf schwach sein, klein. Denn diese wunderbare und gleichsam schwere Welt gab es schon vor mir, ich muss nichts neu erschaffen. Ich schaue auf all meine Sorgen, Gedanken, Ängste, Herausforderungen, die in die Ritzen unserer Dielen laufen. »Gott, kannst du das aufwischen? Ich muss mich erst einmal ausruhen!« Ich rolle mich ein, decke mich mit meinen Haaren zu und höre noch, wie der Lappen neben mir ausgewrungen wird, höre, wie all das, was mich seit Tagen immer missmutiger werden lässt, in das Wischwasser tropft. Mein Alltag ist nicht allein meine Sorge. Von dem Anspruch, dass alles gelingen muss, darf ich mich befreien. Bevor ich langsam wegdämmere, habe ich entschieden, das Unnötige die nächste Woche wieder abzuschütteln und nur an dem Unersetzlichsten zu arbeiten.

Rationelle Romantik

Heute ist Polikliniktag. Schon wieder vier Wochen um.

Vor nicht allzu langer Zeit wäre mir ein Besuch auf der Kinderonkologie im Vier-Wochen-Rhythmus wie der pure Luxus vorgekommen. Und auch heute schätze ich es, dass wir nur noch so selten dort aufschlagen müssen. An diesem Ort der Rettung und Hoffnung, aber auch der Trauer und des Verlustes. Wo man am Status der Haare erkennen kann, an welchem Punkt des Chemo-Protokolls die Kinder sich gerade befinden.

An den Kontrolltagen kann ich nicht ignorieren, wo wir stehen. Dass der Status unseres Sohnes weiterhin »krebskrank« ist, dass diese regelmäßigen Blutkontrollen lebenswichtig für ihn sind.

Und dann fällt der Termin auch noch in das Wochenbett. Ich bin doch gerade so verletzlich, so weich. Alles in mir ist darauf gepolt, ein kleines Lebewesen zu halten, zu ernähren, ankommen zu lassen. Und dieses kleine Bündel auf den Arm zu nehmen, den krebskranken Jungen an die Hand und so zu tun, als wäre es das normalste auf der Welt mit beiden einen Ausflug in die Kinderonkologie zu machen, ist Schwerstarbeit.

Aber dann gibt es meinen Mann. Der mir gerade ein Stück dieser Realität abnimmt, ohne sie zu leugnen. Und weil es für mich sogar momentan herausfordernd ist, den Mittleren in die Kita zu bringen, nimmt er ihn kurzerhand mit in die Klinik, obwohl es anders geplant war. Ohne viele Worte und ohne sich in seinem Ruhmesmoment zu baden. Die drei machen sich auf den Weg, meine Hand liegt auf der Fensterscheibe, sie bemerken mich nicht, aber mein Blick schickt ihnen Wärme.

Das ist das Schöne im Hässlichen. Der Schmerz, das Leid um diesen vermaledeiten Krebs bleibt, doch sehe ich meinen Mann, der mich gerade nicht dazu zwingt, zu funktionieren. Der mich weich sein lässt. Der mit Sicherheit viele Dinge zu tun hat, weil er nebenbei dafür sorgt, dass wir wohnen und essen können. Wie er das macht, ich weiß es nicht, aber auch das ist für ihn in Ordnung. Er handelt aus Liebe zu mir, und das lässt mich an anderer Stelle im Alltag mich auf ihn zubewegen.

Geliebt, in all dem Wahnsinn, der hier einzog. Dass es so sein kann, hat vor allem etwas mit einer Entscheidung zu tun. Wir haben uns beide entschieden, an der Seite des anderen stehen zu wollen. Da war nichts Magisches, das war eine rationale Entscheidung und viel Arbeit, um weiterhin ein »Wir« zu haben. So langsam kommt die Erinnerung wieder, wie wir zusammengekommen sind und warum. Aus dieser Erinnerung, gepaart mit der Entscheidung füreinander, ist ein Fundament entstanden, dass nicht nur im Ofen gebackener Knetmasse entspricht, sondern metertiefem Beton. Hier und da ein kleiner Haarriss, jedoch nichts, was man nicht wieder zuspachteln könnte. Das bedeutet wieder Arbeit, doch es festigt das Fundament, das man lieber repariert, anstatt es komplett neu zu gießen und damit alles, das war, aufzugeben.

Ist das nicht eine gute Basis, um aus einem gefüllten Herzen heraus zu sagen: »Es ist gut, wie es ist«?

Ich lerne. Tag für Tag. Empfange draußen den kalten Novemberregen, weil mich das die Wärme im Inneren schätzen lässt. »Neben dir halt ich mich gerade«, heißt es in einem Lied von SEEED. Ich fange an zu summen, während ich unseren Sohn in den Schlaf stille.

Reibung und Wärme

Ab 17:30 Uhr müsste ich als Mutter Feierabend machen. Ich bin eine Freundin des frühen Tages, brauche nicht viel Schlaf, und wenn man mich nachts weckt, dann bin ich in 3,5 Sekunden handlungsfähig. Am Vormittag laufe ich zu Hochtouren auf, und nach dem Mittagessen kann ich manisch hüpfend nahezu alles. Doch ab dem späten Nachmittag bröckeln meine Geduld, mein Wahrnehmungsvermögen und meine Lust, Dinge zu erledigen. Das mit der Lust würde ich noch hinbekommen, doch die Geduld ist ein Problem. Denn zeitgleich mit meiner schwindenden Geduld schwindet auch die Kooperationsbereitschaft der Kinder. Dieser nachmittägliche Emotionsbrei macht die Luft im Haus stickig.

Somit zweifle ich regelmäßig an meiner Erziehungskompetenz. Mir ist bewusst, dass freundliche Worte wie Honig sind: süß für die Seele und gesund für den Körper (Sprüche 16,24). Ich würde so gern nur freundliche Worte aus meinem Mund entlassen. Immer, jeden Tag, jeder Zeit.

Aber so läuft es nicht! Inzwischen weiß ich, dass zum Muttersein mehr gehört, als Honig zu verteilen.

Ich merke, wie unser ältester Sohn in einem Alter ist, in dem er ein beständiges Gegenüber sucht, jemanden, der ihn auf Augenhöhe empfängt, der sich jedoch auch mal zur vollen Größe aufrichtet. Denn

bedürfnisorientiert zu handeln bedeutet nicht nur liebevolle Begleitung und die Gewährleistung einer sicheren Bindung, sondern auch seine Kinder auffangen zu können. Und das geht nicht immer auf Augenhöhe und mit Honig in der Hand, denn der klebt, und meine Beine schlafen in der Hocke ein.

»Wo Reibung ist, dort entsteht Wärme.« Diesen Spruch sagte die Mutter meiner besten Freundin in meiner Kindheit immer, wenn sich meine Freundin mal wieder ordentlich mit ihrer großen Schwester fetzte. So richtig verstanden habe ich den Spruch damals nicht.

Erst Jahre später, als ich selbst schon Mutter war und es hier bei uns zu Hause zwischen den Jungs mal wieder ordentlich krachte, verstand ich die Bedeutung.

Sie beruhigte mich.

Der Spruch versichert mir, dass es völlig normal ist, dass es in einer Familie zu Reibereien und lauten Auseinandersetzungen kommt. Gerade, wenn man sich sehr mag, kann einen sein Gegenüber mit dem, was es sagt, sehr treffen.

Da kann es schon einmal hoch hergehen.

Je dichter man aneinander dran ist, desto mehr Wärme wird auch durch das Diskutieren und Streiten verursacht. Emotionen müssen ausgesprochen werden dürfen, Grenzen abgesteckt. Vorausgesetzt, es passiert ohne jegliche Form von Gewalt.

Bedürfnisorientiert zu handeln bedeutet nicht nur liebevolle Begleitung und die Gewährleistung einer sicheren Bindung, sondern auch, seine Kinder auffangen zu können.

Ein relevanter Schritt in der Entwicklung eines Kindes ist es, mit den Konsequenzen, die aus dem eigenen Handeln heraus entstehen, vertraut zu werden. Wenn ich lerne, meine Schuhe allein anzuziehen, muss ich niemanden mehr um Hilfe bitten. Wenn ich mich an gemeinsam erarbeitete Absprachen halte, wird mir vertraut und ich kann immer mehr allein machen. Wenn ich meinem Bruder etwas wegnehme, wird er wütend und ist sauer auf mich. Zu erfahren, dass das eigene Handeln eine Auswirkung hat, ist wichtig.

Nora Imlau, Autorin, Journalistin und Vertreterin der bindungsorientierten Elternschaft, sagt dazu: »Sie (die Erfahrung) vermittelt Kindern nämlich das Gefühl, von Selbstwirksamkeit, also der Überzeugung, individuell einen Unterschied machen zu können.«
Folglich sind Reibereien innerhalb der Familie und unter Geschwistern nicht nur völlig normal, sondern auch entwicklungsfördernd. Zwischen den Geschwistern ist es nicht selten besonders warm, auch wenn der Eindruck in vielen Momenten des Tages ein anderer ist. Vor allem mit dem Blick von außen. Unsere Nachbarn fragen sich mit Sicherheit regelmäßig, was bei uns so los ist, und sollte mich jemand fragen, dann antworte ich, dass in diesen Momenten bei uns besonders viel Liebe zu finden ist.

Geschwister verbringen in der Regel die ganze Kindheit miteinander; vorausgesetzt, sie leben in einem Haushalt und sind altersmäßig nicht viele Jahre auseinander. Sie müssen täglich verhandeln und Kompromisse schließen, wohlwissend, dass sie weiterhin miteinander klarkommen müssen. Was oftmals durch Erwachsene romantisiert und vorausgesetzt wird, ist Schwerstarbeit. Wir als Eltern wägen täglich ab, wann Begleitung nötig ist, und wann wir unsere Kinder in Ruhe lassen, ja, sie sogar bitten, ihre lautstarken Auseinandersetzungen in einem anderen Raum weiterzuführen.
Ähnlich verhält sich die Beziehung zwischen uns als Eltern und den eigenen Kindern. Am liebsten hätte ich Einigkeit und Frieden. Das ist einfach, das fühlt sich gut an, findet in der Realität dennoch selten statt, weil Kinder heutzutage glücklicherweise ihren Charakter und ihre Individualität ausleben dürfen.
Als unser ältester Sohn geboren wurde, war ich mir sicher, dass ich für ihn so etwas wie seine beste Freundin werde. Ich wollte ihn umsorgen,

begleiten, immer an seiner Seite sein. Doch so verlockend diese Rolle der besten Freundin ist, es ist nicht meine. Für meine Söhne bin ich ihre Mutter, nicht ihre Freundin, und das ist gut so.

Das heißt nicht, dass ich nicht oftmals denke, dass es besser für die Jungs wäre, ab dem späten Nachmittag nicht mehr mit mir zusammen zu sein, nachdem ich mich aufgerichtet und Klarheiten verteilt habe. Wenn ich sie dann abends ins Bett bringe, mich mit wirrem Haar zu ihnen runterbeuge, ihr Atem der verlangsamten Geschwindigkeit meines Atems folgt, merke ich, dass »meine Anwesenheit so viel mehr bewirken kann, als ich mir in meinen Zweifeln selbst zutraue« (bei diesem Satz habe ich mich bei Herbert Grönemeyer bedient).
Der Schlüssel ist wieder einmal das weiche Herz und nicht, ob ich meinen Erziehungsansprüchen genüge, ob ich jeden Tag Hand in Hand mit der Ausgeglichenheit aus dem Bett hüpfe und keine andere Emotion außer Geduld empfinde.
Es geht darum, den Jungs kindgerecht zu erklären, wo meine Grenzen liegen; dass ich morgens besser zu gebrauchen bin als abends. So war das schon als Kind und ist heute noch so. Im Gegenzug muss ich akzeptieren, dass unser Großer morgens lieber kaum bis gar nicht isst und dafür mittags halbe Schweine, und dass der Mittlere immer eine Kapuze, eine Mütze oder eine Cap auf dem Kopf trägt, weil er sich damit sicher fühlt. Wenn das ihre und meine Herzen mit Wärme füllt, dann ist es genau richtig. Denn wovon das Herz voll ist, davon redet der Mund (Lukas 6,45).

Überförderungs-gestöber

Unser Sohn, seit einiger Zeit bist du nun ohne Chemo. Endlich. Wir haben uns so danach gesehnt.

Aufatmen, nach vorne schauen. So habe ich es mir gewünscht, doch so recht daran geglaubt habe ich nicht. Denn du bist so voll. Auch wenn dein Körper die Zytostatiker abbaut, bleibt all das Erlebte in dir. Ein fieser Matsch aus Kotze, Angst und zu viel Ninjago gucken. In dir brodelt es wie in einem Magen voller scharfer spanischer Wurst.

Und immer öfter läufst du über. Dann kotzt du Emotionen; auf Geburtstagen, in der Schule, zu Hause. Und alle verstummen. Was hat dieser tollwütige Junge? Ihm geht es doch gut, alles überstanden. Mir schießen dann Tränen in die Augen. Aus Hilflosigkeit, aus Wut, weil niemand es so recht verstehen will. Dass es tatsächlich so schwer ist zu verstehen. Oberflächlich gesehen scheinst du unversehrt. Zwei Beine, zwei Arme, ein Kopf. Kriterien, die fälschlicherweise dazu benutzt werden, um zu beurteilen, wie es jemandem geht.

Sarah Broll schreibt in ihrem Artikel in der Zeitschrift Family: »Die Vorstellung, ein behindertes Kind zu haben, ist viel schlimmer, als tatsächlich eins zu haben.«

Sarahs Sohn hat das Down-Syndrom, und sie erzählt ehrlich und ebenso herzlich, was es heißt, ein behindertes Kind zu haben. Unser Sohn ist auch behindert, so sagt es zumindest sein Behindertenausweis.

Diese Behinderung wird immer weniger offensichtlich und dennoch bewegen wir uns in einem Alltag voller Defizite. »Alles ist gut« scheint nicht unser Weg zu sein. Unser Weg ist laut, krank und mit Unruhen gepflastert.

Und dann wieder so leise und innig, dass nur das Wispern unserer Schritte zu vernehmen ist. Dieser Weg zwingt mich immer wieder das Gute nicht zu übersehen. Ich schließe meine Augen, falte meine Hände, sehe durch die Lieder das glitzernde Schneegestöber meiner Schneekugel auf dem Nachttisch. Die Flocken wirbeln auf und nieder, umspielen die Schneemannfamilie.

Da, da ist es, das Schöne in all dem Überforderungsgestöber: Nicht der Tod hat Einzug erhalten, sondern das Leben.

»Von allen Seiten werden wir von Schwierigkeiten bedrängt, aber nicht erdrückt. Wir sind rastlos, aber wir verzweifeln nicht.« (2. Korinther 5,8).

Das Leben ist selten schwarz-weiß, nur gut oder nur schlecht. Ich habe den Glauben daran verloren, dass es eine umhüllende Zeit geben wird, in der wir uns neben die Schneemannfamilie stellen und nichts anderes machen, als in die Flocken zu schauen. Eine Zeit ohne Herausforderungen.

Erst letzte Woche, die Sehnsucht nach einem vollkommenen Tag war mal wieder besonders groß, machte es knack in meinem Mund, meine Zunge fuhr instinktiv an die Stelle, sofort war klar, da ist ein Stück Zahn abgebrochen. So ein Mist. Sashi, 11 Monate alt, hat seit zwei Tagen Fieber, dementsprechend sind die Nächte.

Also schnell die beiden Großen wegbringen, zum Zahnarzt, zurück nach Hause, den Mann ablösen und mit dem Baby zum Kinderarzt.

»Es ist doch nur ein Zahn«, »es ist doch nur ein Schnupfen«, hilfreiche Signale dieser Art könnte mir mein Gehirn doch senden. Tut es aber nicht. Mal wieder bin ich erschöpft.

Natürlich sind die Straßen voll. Ich schiebe mich in den Kreisverkehr, ein Mann, der eigentlich zu bullig für seinen kleinen Opel Corsa ist, grinst, bremst, lässt mich vor, mit einer Handbewegung, als würde er mich zum Tanz auffordern. Ich bin so überrascht, dass ich ihm einen Handkuss zuwerfe.

Im Parkhaus angekommen ist die Schranke offen.

Unser Junge glüht, meine Füße machen kleine schnelle Schritte, wann ist er denn so schwer geworden, ich fange an zu schwitzen. Auf dem Weg zum Fahrstuhl begegnet mir der Hausmeister, er sammelt Müll auf, seine Greifzange klickt, die Parkhauswände geben das Echo wieder. Wir nicken uns zu. Ob ich denn kein Ticket gelöst habe, fragt er mich im ernsten Ton, die Greifzange erhoben zur Schranke. Ich halte inne, stottere irgendwas von »die Schranke war offen, äh.« Er kostet den Moment aus, noch 3 ... 2 ... 1, grinst dann und lächelt. Ach so, das war ein Spaß, du Schelm.

Ich sage ihm, dass für sowas heute nicht der richtige Tag ist, er fragt was denn los sei, ich antworte in Stichpunkten, er ist ganz zugewandt. Der Mann ist Mitte vierzig, und ich gehe mal davon aus, dass er beim Müllaufsammeln nicht unbedingt innerlich jauchzt, doch er sieht die Chance des kurzen Schwätzchens und ergreift sie. Ich muss grinsen. Jetzt haben sie mich doch zum Lachen gebracht. Er sagt in der typischen Berliner Direktheit: »Dit wird schon nüscht Schlimmet sein!« Wir lächeln uns zu, ich steige in den Fahrstuhl.

Beim kleinen Jungen sind es die Ohren. Im Erdgeschoss gibt es beim Portugiesen Karottenküchlein, diese Dinger mit weißer Sünde drauf. Ich kaufe mir eins und beiße genüsslich rein. Es sind solche Zeiten, die mich in die Knie zwingen oder aufrichten können.

Meine Lebensarroganz, es drauf zu haben, gibt es an diesen Tagen nicht. Ich verbünde mich mit allen, die es auch nicht draufhaben, und schwimme wogend in der Masse.

Jennifer Zimmermann sagt in ihrem Buch »Als Gott mich fallen ließ«: »Kostbar ist die Welt mit ihrer Schönheit und ihrer Dunkelheit. Nicht trotz. Nicht wegen. Und.«

Gleichwohl wird das beschlagene Glas klarer, meine Erkenntnis wieder sichtbar: Wir brauchen kein »Alles-ist-gut« um glücklich zu sein, denn wir können weiteratmen, lassen uns von dem Leid nicht erdrücken. Und ich stimme in das Sarah Brolls Lied ein: »Die Vorstellung ein krebskrankes Kind zu haben ist schlimmer, als eins zu haben.«

Schlag ins Gesicht

Ein Freund von uns hatte einen Schlaganfall. Mit Ende vierzig. Nach viel kämpfen, Reha und Physiotherapie ist die Luft raus. Es ist einfach saumäßig anstrengend! Vorher Leiter einer Baufirma, saß er nach dem Schlaganfall zunächst im Rollstuhl, konnte nach viel Übung mit einem Stock gehen und nur unter großer Anstrengung die linke Hand heben.

Gestern war sein Geburtstag. So richtig Lust hatte er darauf nicht. Gemeinsame Freunde hatten die Idee, ihn mit einem Essen zu überraschen. Viele Freunde an einer langen Tafel.

Der Clou: Niemand durfte seine linke Hand benutzen. Sollte sie dennoch benutzt werden, kostete das einen Euro Strafe. Die betroffene Hand wurde mit einem Band gekennzeichnet und jeder kontrollierte jeden. Das Geld floss, Brokkoli und andere Speisen flippten über den Tisch, weil es nun mal verdammt schwierig ist, nur mit einer Hand zu essen. Ständig war ein »Kannst-du-mir-mal-helfen« zu hören.

Es wurde auch viel gelacht, ebenso wurde festgestellt, wie weh ein nicht zu benutzender Arm tut. Es dauerte nicht lange, bis unser Bekannter gefragt wurde, wie er das nur aushält. Und er fing an zu erzählen. Ganz offen berichtete er, was der Alltag für ihn bedeutete, wie es für ihn war, als sonst aktiver Mensch von heute auf morgen ausgeschaltet zu sein. Wie schwer es ist, Hilfe anzunehmen. Dass das sein größter Antrieb sei, Dinge allein zu schaffen, um ein wenig Kontrolle über sein Leben zurückzubekommen.

Ann Voskamp sagt: »Es gibt keine Regel, die bestimmt, wie viel Schmerz welchem Menschen zugemutet wird und wer in Frieden und Ruhe leben darf. Die Zerbrochenheit der Welt ist allumfassend, jeder wird von ihr erfasst.«

Wenn ich unseren Freund anschaue, kann ich nur hämisch lächeln bei dem Satz, dass jeder nur so viel aufgeladen bekommt, wie er tragen kann. So ein Nonsens. Er kämpft, und der Kampf ist ein harter. Egal wie breit seine Schultern vor dem Schlaganfall waren, das Leid ist zu groß.

Überzeugt bin ich allerdings davon, dass Leid zu dieser Welt gehört, dass keiner davon befreit ist, der eine trägt mehr, der andere weniger. Wir können über diese Tatsache verbittern oder uns an eine lange Tafel setzen, unsere Defizite sehen, damit wir den Ballast auf unseren Schultern verteilen können. Nicht die Abwesenheit von Leid bedeutet Glück, sondern die Gewissheit, dass man mit seinen Sorgen nicht allein ist. Verbundenheit ist der Grund, warum der Mensch nicht in seinem Leid ertrinkt.

Wir sollten uns und anderen mehr zutrauen. Es bedarf Mut, Leid auszusprechen und es bedarf Mut, auf Leid zu reagieren, doch die Früchte eines »Ich bin für dich da«-Baums schmecken so viel besser als aus einem Glas gelöffelte Nutella. Lasst uns essen, der Tisch ist gedeckt.

Der Junge im gestreiften Pyjama

Ich habe gestern das Buch »Der Junge im gestreiften Pyjama« von John Boyne zu Ende gelesen. Und war zutiefst verstört, obwohl ich doch die Geschichte dieses Landes kenne. Wozu der Mensch fähig ist, was für Widerwärtigkeiten geschahen, ausgeführt durch Menschenhand.

In dem Adventskalenderbuch »Der Andere Advent« schreibt Susanne Niemeyer: »Der Himmel ist nah, sagst du, aber ich sehe nichts. Im Meer ertrinken Menschen. Sie kommen bestimmt in den Himmel. Gott hat ein weites Herz. Wir nicht, jedenfalls nicht so, dass alle darin Platz finden. Manchmal bin ich zornig und manchmal hilflos.

Erbarmen ist eine vergessene Fähigkeit. Der Zynismus verspricht Rettung, aber ich glaube ihm nicht. Er will meine Seele. Die brauche ich noch. Sie widersetzt sich der Logik der Zweckmäßigkeit.«

Auch ich bin wütend. Ich könnte mich mit wässrigen Augen, bestürzt darüber, dass ich nur Liebe säen möchte, und dann aber, oh Graus, Hass ernte, auf unsere Couch setzen. Ich könnte mit zittriger Stimme in den sozialen Medien verlauten lassen, dass diese Welt so vergiftet ist. Hört sich eigentlich nicht verkehrt an, eine Bühne zu nutzen, wenn man sie hat. Aber der Mensch darf nicht den Fehler machen, dabei sich selbst mit seinem Weltschmerz statt die Ertrinkenden im Fokus zu haben. Wir, die auf dieser Welt leben, sind verantwortlich dafür, was wir sähen, was wir unseren Kindern vorleben und weitergeben.

Es liegt in unserer Verantwortung zu reden, Haltung zu beziehen, die Angst zu überwinden, unsere Kinder vielleicht auch mal zu überfordern. Denn eins hat mir das Buch wieder klargemacht: In dem Moment, in dem ich mein Kind in einem warmen Bett, in einem Haus voller Essen mit einer Geschichte über dies und das in den Schlaf säusele, sitzt auf der anderen Seite des Zauns ein Kind, dessen Lebenserwartung gering ist.

Wir schützen unsere Kinder nicht, indem wir schweigen. Wir schieben nur auf, um sie dann in eine Welt voller Fremdenhass zu entlassen.

Seit wir auf der Onkologie Kinder haben sterben sehen, weiß ich, dass unsere Jungs an unserer haltenden Hand und mit Erklärungen so viel mehr verstehen und somit ertragen können, als ich es je für möglich gehalten hätte. Denn wir haben den Tod thematisiert. Immer und immer wieder haben wir darüber gesprochen, dass das Leben endlich ist. Kindgerecht, ohne Schreckgespenster, stattdessen sachliche Aussagen, Ehrlichkeit und die Zeit die Fragen abzuwarten, die die Kinder haben. Ich verstehe den Gedanken, dass Kinder geschützt werden wollen, dass sie zu klein sind für den Weltschmerz. Aber alles weglächeln? Kinder, die merken, dass es in mir brodelt und nicht wissen, was mich nicht zur Ruhe kommen lässt. Das verunsichert viel mehr, als zu erzählen, was diese Welt bereithält, was war und was sein wird.

Zudem habe ich Hoffnung. Der Theologe Fulbert Steffensky sagt: »Hoffnung ist der Widerstand gegen Resignation, Mutlosigkeit und Zynismus.«

Steffensky sagt weiter: »Sie ist vielleicht die stärkste der Tugenden, weil in ihr die Liebe wohnt, die nichts aufgibt, und der Glaube, der den Tag schon in der Morgenröte sieht.«

So halte ich weiter daran fest: Diese Welt hat etwas Gutes, für jeden von uns, ich bin davon überzeugt, dass der Mensch im Grunde ein gutes Herz hat.

Diese Meinung teile ich mit Rutger Bregman, er ist Autor, Aktivist und Historiker und der Meinung, dass der Mensch »Im Grunde gut« ist. In seinem gleichnamigen Buch berichtet er von vielen Projekten und wahren Geschichten, die genau dies beweisen. Er zeigt anhand wissenschaftlich belegter Nachforschungen u. a. das Rousseau und nicht Hobbes (die gedanklichen Urväter der Progressiven und Konservativen, der Idealisten und Realisten, so Bregman) Recht hatte, mit der Annahme, dass der Mensch von innen heraus gut ist und ihn die Umstände, die Zivilisation schlecht gemacht hat.

Hobbes hingegen ging davon aus, dass der Mensch von Angst getrieben wird und dass das Gefühl der Sicherheit das höchste Gut ist. Folglich strebt der Mensch nach immer neuer Macht, das bedeutet, dass jeder gegen jeden kämpft. An das Böse zu glauben ist so viel einfacher, denn wenn der Mensch als böse angesehen wird, braucht es keinen Widerstand, kein Engagement. Das Kind ist schon in den Brunnen gefallen, wofür also noch Handlungsbedarf?

Wer hingegen an das Gute im Menschen glaubt, braucht einen Grund, warum Menschen dennoch bösartig handeln. Er muss es hinterfragen und sich bewegen, aus seiner Reserve kriechen und handeln. Sich mit dem Guten im Menschen zu beschäftigen bedeutet, dass der Grundgedanke Einzug in den Kopf erhalten hat, dass die Menschheit nicht vor Schlechtsein trieft. Es gibt böse Menschen auf dieser Welt, aber sie bilden nicht, wie immer oftmals angenommen, die Mehrheit. Vor allem aber hat der Mensch eine Wahl. Jeder einzelne hat die Wahl, die Kompetenz zu erlernen in den Widerstand gegen scheinbare Autoritäten zu gehen.

Das Buch von Bregman hat mich ganz tief durchatmen lassen. Er enttarnt viele Geschichten über die Menschheit als Sagen. Von Mund zu Mund weitergegeben, ohne Faktencheck. Es ist nicht alles so schwarz wie es sich manchmal in meinen Gedanken anfühlt. Ich fühle mich seitdem einmal mehr verantwortlich, welche Nachrichten ich konsumiere und wie viel. Ich fühle mich verantwortlich zu prüfen, wann ich meinen Mund aufmachen und handeln, und an welchem Punkt ich schweigen sollte. Doch hauptsächlich sehe ich nicht mehr eine vermeintliche Spaltung zwischen den Menschen, gehe erst einmal auf mein Gegenüber zu, in der Annahme, dass er mir nichts Böses will. Nettigkeit und Widerstand, beides an der richtigen Stelle eingesetzt (ja, das erfordert einen sensiblen Blick im Alltag) und sich zu engagieren, kann die Qualität des Miteinanders im Alltag erheblich erhöhen.

Jeder einzelne hat die Wahl, die Kompetenz zu erlernen in den Widerstand gegen scheinbare Autoritäten zu gehen.

In der Bibel steht: »Niemand zündet eine Lampe an und verbirgt sie dann unter einem Gefäß oder stellt sie unter das Bett. Im Gegenteil: Man stellt sie auf einen Lampenständer, damit jeder, der hereinkommt, Licht hat und sehen kann. So gibt es auch nichts Geheimes, was geheim bleibt; alles wird offenbar werden. Und es gibt nichts Verborgenes, was verborgen bleibt; alles soll öffentlich bekannt gemacht werden. Achtet also darauf, wie ihr mit dem umgeht, was ihr hört! Denn wer hat, dem wird gegeben; aber wer nicht hat, dem wird auch das genommen, was er zu haben meint.« (Lukas 8,16–18, NGÜ) Ich verstehe diesen Vers so, dass ich als junge, an einen Gott glaubende Frau mutig sein soll. Wenn ich weiß, wie Nächstenliebe funktioniert, dann sollte ich diese Erkenntnis nicht unter mein Kopfkissen legen und plattdrücken, sondern darf andere an meinem Wissen teilhaben lassen. Losgehen, die Flügel ausbreiten, auch wenn manche Versuche, mein Wissen weiterzugeben, dass der Tag am besten mit weichem Herz und optimistischen Blick begonnen werden soll, tapsig und unbeholfen sind. Auch wenn ich unter meiner warmen Decke hervorkriechen muss und daran zweifle, ob mein Wissen überhaupt jemanden interessiert, darf ich furchtlos sein. Couragiert zu sein, bedeutet zielstrebig, ohne Furcht für etwas einzustehen. Was sollte mich daran hindern, für Nächstenliebe und das Menschenrecht der Gleichbehandlung einzustehen? Mein Schamgefühl? Das liegt inzwischen plattgedrückt unter meinem Kopfkissen.

Gekochte Selbstfürsorge

»Vor allem aber behüte dein Herz, denn dein Herz beeinflusst dein ganzes Leben.« (Sprüche 4,23)

Ich schaue aus dem Fenster, sehe wie die dicken Knospen an unserem Kirschbaum hängen, noch sind sie geschlossen, doch in wenigen Wochen werden sie sich öffnen und ihre weiße Pracht offenbaren. Der Rest der Familie schläft noch. Ich befürchte, dass der Erste gleich erwachen könnte. Die Tage beinhalten momentan zu viele Anforderungen. Es ist auch nicht zu ändern, alles, was Erleichterung schafft, habe ich angenommen. Es reicht nicht. Das alltägliche Übermaß schwappt über mich wie große Wellen. Die erste nehme ich meistens noch. Stehe auf ihr, surfe durch die Anforderungen und den Nervenkitzel meines Lebens. Dann kommt die zweite und dritte, mein Brett wackelt, irgendwer hat daran rumgesägt, die Balance ist kaum mehr zu halten. Wusch, ich krache ins Wasser, knalle auf die Welle. Autsch, das hat wehgetan. Ich habe mich kaum aufgerichtet, da bricht die nächste über mich hinein. Ich pruste, schlucke noch mehr Wasser, will schreien, doch das Meer des Tagespensums hat mich verschluckt. Niemand hört mich.

Ein Schauer geht durch meinen Körper, ich ziehe die Strickjacke enger um meinen Körper, ich will diese Angst nicht. Jeder Tag hat seine eigenen Ungetüme und ich muss mich wappnen und nicht grübeln.

Ich beschließe das nahgelegenste zu tun, ich koche mir Tee. Einen Liter.

Denn ich weiß, am späten Nachmittag, wenn das Leben tobt und ich eigentlich keine Mutter mehr sein sollte, weil meine Kräfte zeitgleich mit meiner Geduld schwinden, entdecke ich die Thermoskanne Tee, die mir ein wacheres, ruhigeres Ich gekocht hat, damit ich nicht vergesse, Pausen zu machen und gut zu mir zu sein.

Paradoxerweise sind es eben diese ruhigen Momente, in denen ich Pflichtbewusstsein übe. Ich kann in meinem Leben nicht alles leisten. Die Kanne sagt mir, dass ich es gut sein lassen soll. Sie erinnert mich daran, dass schon ein gutes Stück Tag hinter mir liegt und es allen gut geht. Niemand, eingeschlossen meiner selbst, läuft bei uns nackt, schreiend und hungrig durch den Tag. Die Teekanne erinnert mich an mein Vorhaben, bald einen Korb voller Reserven zu haben. Genau so viel, dass ich mir jeden Tag eine daraus nehmen kann. Ein umgekipptes Glas, eine Ladung Pipi, die es nicht mehr ins Töpfchen geschafft hat, ein maulender Nachbar? Kein Problem, schwupp, habe ich die Kraftreserve in der Hand. Ob das jemals funktionieren wird, weiß ich nicht, jedoch lässt der Gedanke daran meinen Kopf schon jetzt ruhen. Diese Art von Selbstfürsorge funktioniert erstaunlich gut. Sie ist zuversichtlich. Die warme Tasse Tee in den Händen versichert mir, dass ich es schaffe. Nicht weil ich ein besonders toller Mensch bin, sondern, weil ich nicht vergesse, nett zu mir zu sein. An manchen Tagen habe ich dieses Wissen nur leider so klein gefaltet, dass es sich nicht mehr traut, sich zu rühren. Dann habe ich das Gefühl, ich sei es nicht wert oder schlimmer noch: Irgendwer soll gefälligst kommen und sich um mich kümmern.

Geliebt werden, damit ich mich lieben kann. Das funktioniert so aber nicht. Es verhält sich genau umgekehrt: Ich muss mich lieben, damit ich andere lieben kann. Weil die Menschen, mit denen ich zusammenwohne, sich nicht um mich kümmern sollten. Und ja, ich zähle den Partner dazu, denn dass es mir gut geht, sollte nicht von ihm abhängig sein. Natürlich freue ich mich über Aufmerksamkeiten, aber das ist ein Bonus und sollte kein fester Tagesordnungspunkt sein. So wie Kuchen nach der Hauptspeise, der sichert mir auch nicht das Überleben, sondern macht es punktuell etwas schöner. Der Mensch, der sich um mich kümmern muss, bin ich selbst. Aus Liebe. Zu mir und zu den Menschen, mit denen ich zusammenlebe. Wenn ich das tue, kann ich möglicherweise die eine oder andere Entscheidung, die ich aus Müdigkeit heraus treffen würde, verhindern.

Der Mensch, der sich um mich kümmern muss, bin ich selbst. Aus Liebe. Zu mir und zu den Menschen, mit denen ich zusammenlebe.

Sich selbst lieben ist leicht, wenn man sich schön findet, gerade einen guten Abschluss hingelegt hat oder frisch verliebt ist. Doch was ist mit den Tagen, an denen das Gesicht fahl ist und der Alltag eintönig? Und die zugegebenermaßen in der Summe viel mehr sind? Wenn ich von einem Menschen verletzt worden bin, das Gefühl habe nicht auszureichen, mein Aussehen nicht mag?
Warum kümmere ich mich an diesen Tagen nicht um mich?

Weil ich denke, dass man das so macht. Dass man durchzieht, nicht meckert, handelt, produziert, und das gefälligst schnell. Ich hetze durch das Leben. Der Benediktinerpater Anselm Grün sagt sinngemäß, das Hetzen von hassen kommt. Wer hektisch durch den Tag rennt, der mag sich selbst nicht.
Ich sehe mich an manchen Morgen schon hektisch in den Tag starten, weil ich meine, alles schaffen zu müssen. Ich mag mich in dieser Stimmung nicht. Dann wispere ich durch meine eng zusammengepressten Lippen bissig Kommentare, dass das Leben halt so ist. Stopp!

Ich halte die Tasse in meinen Händen, rieche den Duft von Yogi-Tee, nehme wahr, wie meine Finger bis in die Spitzen gewärmt werden, und frage mich, ob das Sinn ergibt, was ich hier jeden Tag tue. Diese Frage ist meine Rettung. Ja, es ist absolut sinnvoll, was ich hier mache. Absolut. Nicht weil mein Alltag vorteilhaft wäre. Vorteilhaft sitzt ein Kleid, das mir vormachen will, ich wäre mit dem Schnitt des Kleides besser unterwegs als mit der eigentlichen Form meines Körpers. Nein, vorteilhaft ist mein Leben nicht, auch nicht durchdacht oder gut geplant. Dafür sinnvoll in der Bedeutung von segensreich, fruchtbar und wertvoll. An dieser Stelle brauche ich nicht unsere Kinder vorzuschieben, weil sie womöglich der Sinn meines Lebens sind. Die sind großartig, aber auch ohne sie ist mein Leben sinnvoll. Weil ich bin! Ich bin da. Ich bin gut. Ich werde geliebt.

Ich bin da. Ich bin gut. Ich werde geliebt.

Zur Erinnerung krame ich folgenden Vers aus der Bibel hervor:
»Ich danke dir dafür, dass ich wunderbar gemacht bin; wunderbar sind deine Werke; das erkennt meine Seele.« (Psalm 139,14)
Mir wird warm; ich bin wunderbar gemacht. Das kann ich aber nur sehen, wenn ich mich hinsetze, der Tee meine Kehle warm hinabfließt, und ich meinen Kopf erhebe und mich und meinen Alltagsreichtum anschaue.

So stehe ich wie jeden Morgen, wenn alles noch schläft, in der Küche mit den kalten Fliesen und bereite meine Pause am Tag vor, meine Momentzufriedenheit. Damit ich nicht andere für meinen Frieden verantwortlich mache, damit ich nicht völlig aus dem Gleichgewicht gerate, wenn ich merke, dass menschliche Beziehungen fehlerhaft und oft voller Verletzungen sind. Dieselben Beziehungen singen auch von Versöhnung, aber nicht immer. Um die Enttäuschungen dieser Welt auszuhalten, muss ich mich lieben. Um mich zu lieben, muss ich mich um mich kümmern. Es üben. Mich erinnern, nett zu mir zu sein. Erwartungen an sein Leben zu haben, kann ein Ansporn sein, doch wenn ich mich nie hinsetze, werde ich nicht sehen können, was ich schon geschafft habe. Die Ruhe lässt meine Emotionalität wachsen, ich spüre die schlechten, aber auch die hervorragenden Dinge. Sie sind überall, angefangen bei meinen Beinen, die mich tragen. Ohne meine Gefühle werde ich taub. Ich spüre dann das Schlechte nicht mehr so stark, aber auch das Glück schwindet in der Empfindung. Ich werde stumpf. Das möchte ich nicht, ich will meinen Blick umlenken, weg von »alles, was ich will« und hin zu »alles, was ich schon habe«. Zunächst fühlt es sich farblos und langweilig an. Die Dinge, die ich habe, kenne ich schon. Diese Annahme jedoch ist ein Produkt der Schnelllebigkeit und des Seins durch Haben. Wie können Menschen, die ich liebe, all jene Dinge, die ich erlebt und erworben habe, langweilig sein? Ich habe, weil ich bin, und kann so ins Handeln kommen, nicht: Ich handle, dann habe ich etwas und kann somit jemand sein. In einem Alltag, der kaum Zeit für mich hat, nehme ich mir Zeit. Betrachte meine Familie, versuche, mich zu erinnern, wo ich vor zehn Jahren war. Wo habe ich gewohnt, welche Musik fand ich gut, womit habe ich die meiste Zeit meines Tages verbracht? Ich komme ins Grübeln, verliere mich in den Gängen meiner Erinnerung, manche hell erleuchtet, manche tief im Schatten. Ich habe die Verantwortung, mich zu lieben. Bei all den Verantwortungen, die in den letzten Jahren dazugekommen sind, vor allem, seit ich eigene Kinder habe, ist das die wichtigste. Denn nur die Liebe lässt mich Berge versetzen. In 1. Korinther 13,2 (NGÜ) steht: »Wenn ich prophetische Eingebungen habe, wenn mir alle Geheimnisse enthüllt sind und ich alle Erkenntnis besitze, wenn mir der Glaube im höchsten nur denkbaren Maß gegeben ist, sodass ich Berge versetzen kann – wenn ich alle diese Gaben besitze, aber keine Liebe habe, bin ich nichts.« Nichts. Ohne Liebe bin ich eine leere Hülle. Ich bette meinen Kopf auf dem Fell vor dem Kamin und handle im höchsten Maße verantwortungsbewusst, in dem ich meine Augen schließe und ruhe.

Wahlmöglichkeit

2020 jährte sich der Tod von Dietrich Bonhoeffer zum 75. Mal. Der Theologe und Widerstandskämpfer wurde von den Nazis erhängt. Bonhoeffer saß zuvor zwei Jahre unschuldig in Haft. Allein in einer Zelle, eingesperrt den Bomben ausgesetzt, nie wissend, ob seine Familie draußen noch lebt.

Mehrmals wurde das Gefängnis von Bomben getroffen, die Insassen waren krank vor Angst. Bonhoeffer blieb voller Hoffnung. Er war der Meinung, dass man niemanden verändern kann, den man verachtet. Seine Briefe aus der Haft stärken mir in schweren Zeiten oft das Herz. Bonhoeffer sagt: »Wenn man nicht mehr weiß, was man sich und anderen schuldig ist, wo das Gefühl für menschliche Qualität und die Kraft, Distanz zu halten, erlischt, dort ist das Chaos vor der Tür. Wo man um materielle Bequemlichkeiten willen duldet, dass die Frechheit einem zu nahe tritt, dort hat man sich bereits selbst aufgegeben, dort hat man die Flut des Chaos an der Stelle des Dammes, an die man gestellt war, durchbrechen lassen und hat sich schuldig gemacht am Ganzen.«

Gott hat seinen Sohn ans Kreuz nageln lassen. Für uns Menschen, die sich immer wieder dafür entscheiden, zu schnell andere zu verurteilen, statt sich mit den Augen der Gutmütigkeit auszustatten. Gerade in Zeiten, wo wir nicht anders können, als zu merken, dass wir so viel weniger in der Hand haben, als wir uns mit trotzig aufstampfendem Verstand vorgemacht haben. Ja, wir sind abhängig von den Entscheidungen der Politik, und mit Sicherheit ist vieles nicht richtig, was beschlossen wird, doch ändert Hass daran etwas? Ändert sich etwas an der Lage, wenn ich über jeden, der es hören will oder sich nicht entziehen kann, meinen Frust auskippe? Macht das meine Tage reicher? Es geht mir nicht um Menschen, die aktiv versuchen die Lage zu verändern, sondern um diejenigen, die schon zu lange sauer sind. So sauer über Ohnmacht und Fremdbestimmung, dass sie auf ihrer Wut ausrutschen.

(Ich will mich davon gar nicht ausnehmen. Es gibt diese Tage.)

Das Leben. Es hat Grenzen. Und das war in der Pandemie zu spüren. Diese Grenzen bergen Möglichkeiten, unsere Begrenztheit anzunehmen, behutsam, denn sie umhüllen unsere Verletzlichkeit. Sie zeigen, was uns aufwühlt und Unfrieden stiftet. Sie lassen uns lebendig sein. Die meisten von uns haben eine Wahlmöglichkeit. Statt die Wut anzuheizen, sollten wir aus dem Schrei der Überforderung ein Lied machen. Ja, das Leben kann sehr anstrengend sein. Ich werde nicht müde zu versichern, dass viel zu schaffen ist, dafür allerdings an manchen Tagen alles stehen und liegen gelassen werden muss, um zu merken, dass sich die Welt trotzdem weiterdreht. Auf der Suche nach dem Vertrauten darf man nicht vergessen, in den Himmel zu sehen. Es braucht ruhige Stunden, um sich die Wut aus den Kleidern zu waschen.

Mein Glaube ist nicht mit Vernunft zu begründen, und dennoch nimmt mich nichts so behutsam an die Hand, streichelt mir über den Kopf und dreht mich sanft dem Licht zu, damit ich mich wieder sammeln kann. Nicht alles ist mit Intellekt und Wissenschaft zu begründen, für manches braucht es einen demütigen Verstand, der bereit ist loszulassen, um sich zu öffnen, auch wenn ich mich damit angreifbar mache. Schaut euch an und versichert euch, dass es der richtige Zeitpunkt ist, ein Bier aufzumachen und einander zu unterstützen.

Statt die Wut anzuheizen,
sollten wir aus dem
Schrei der Überforderung
ein Lied machen.

Vollkommen

Ich stehe mit dem Rücken zur Wand. Die Heizung ist ausgefallen, ich friere, finde mich innen und außen hässlich. Ich bin hässlich zu den Menschen, die ich liebe. Reagiere wie ein Tier, knurre, greife an, sobald ich mich bedroht fühle. Dauerüberfordert, gerade keine Zeit zum Loslassen. Die Fäuste geballt, schleppe ich meine Brut durch den Tag.

Und dann kommt meine große Schwester zu Besuch. Wir sitzen uns gegenüber und lachen, weil meine Haare so dünn, dafür ihre Füße so dick sind, dass sie nicht in meine Birkenstock kommt, um den Müll rauszubringen.

Wir sind uns so ähnlich und doch grundverschieden. Sie kann zwölf Stunden am Stück schlafen, ich nahezu nur die Hälfte, weil ich immer schon das Gefühl hatte, das Leben zu verpassen. Sie hat zwei riesige Hunde und weite Felder vor der Haustür, ich bin eine lange Zeit durch diese riesige, niemals schlafende Stadt gezogen.

Wir sitzen da und lachen, und dann wird mein Herz schwer. Ich bin müde und zweifle. An mir, an der Verantwortung, die ich trage. Ich schaue auf, spiegle mich in den Augen meiner Schwester. Ich sehe, wie sie mich sieht. Gut, so wie ich bin. Durch ihren Blick sehe ich schön aus. Sie liebt es, wie ich tanze und macht sich fast in die Hose wegen meiner Witze. Fand schon vor 25 Jahren, dass ich mit meinen ganzen Pickeln im Gesicht schöner aussehe als Frances »Baby« Houseman.

So viel Liebe. Ich habe vor Kurzem in der Zeitschrift Family einen schönen Text von Jennifer Zimmermann gelesen, darin schreibt sie: »Wenn es beim Frausein darum geht, sich möglichst gut zu präsentieren, möglichst knackig zu bleiben und möglichst genau zu wissen, was mir steht, dann habe ich schlicht und ergreifend versagt (...) Ich weiß nicht, wie lange wir es schon tun, aber wir Menschen erschaffen konstante Bilder von uns, denen wir im wahren, turbulenten, langweiligen, bunten Leben nie standhalten können (...)

Und dann passiert vielleicht das Wunder. Nicht dass ich mich endlich wunderschön fühle, sondern ich mich selbst vergesse. Dann entscheide ich, um was ich mich drehen möchte. Womit ich meine Lebenszeit fühlen möchte. Und es wird weder mein Teint noch mein Bauch sein. Wenn ich wählen kann, für was ich im Leben kämpfen möchte, wähle ich weder meine Frisur noch meinen Farbtyp. Ich wähle Liebe. Freundschaft. Sommernächte. Blätterrascheln. Schneeknirschen.«

Oh ja, ich entscheide mich für Begegnungen voller Liebe und Lachfalten. Statt der Wand an meinem Rücken, ist da nun eine Umarmung. Durch die Annahme meiner Schwester kann ich meinen Weg ein Stück weiter gehen. Mein Herz seufzt und schüttelt tadelnd die Gefäße. Es will mir sagen, dass es von Anfang an gesagt hat, dass es weich viel besser schlägt als mit hartem Zwirn umwickelt.

Chara

Meine Hand liegt in Deiner,
So ruht unsereiner,
Erschöpft
Von der Tages Müh'.
Die Geräusche werden leiser,
Meine Sorgen kleiner,
Lass uns so harren
Bis in der Früh!

Jeannette Mokosch

Heute ist der letzte Schultag vor den Sommerferien.

Was in den letzten Monaten war, ist vorbei, und wird genauso auch nicht mehr passieren, auch wenn nicht klar ist, wie es weitergeht. In Bezug auf die nächsten sechs Wochen, ist mein Innerstes 16 Jahre alt. Da war es mir nämlich auch herzlich egal, was in einer gefühlten Ewigkeit sein wird.

Wir haben nichts gebucht. Wollen nur sein und so wenig wie möglich von Menschen umgeben werden. Das wollten wir auch schon im Urlaub letztes Jahr und das Jahr davor und das Jahr davor.

Die Freiheit, nichts produzieren zu müssen, nicht einmal so etwas Schönes wie Spaß und Sommergefühle, ist das Gegenteil von mit schmalen Lippen eingefordertes Glück. Wir wollen die Hand in des

anderen ruhen und die Geräuschkulisse der Anforderungen leiser werden lassen.

Ich trage seit kurzer Zeit das Wort »Chara« als Armband um mein Handgelenk. »Chara« ist Griechisch und steht für Freude und erinnert mich daran, dass dieses warme Gefühl immer bei mir ist, auch wenn mein Herz nicht ständig Luftsprünge macht.

Ob ich mir denn gar keine Sorgen mache, sechs Wochen ohne Pläne mit drei kleinen Kindern zu Hause? Natürlich mache ich mir Gedanken, ich habe richtig Muffensausen. Doch immer wieder schüttle ich lächelnd den Kopf. Habe ich Gott nicht noch vor Kurzem das Leben unseres Sohnes anvertraut? Da werde ich wohl die Sommerferien auch abgeben können. Es wird laut und wild und überfordernd. So wie die letzten Wochen.
Mein einziges Ziel in der nächsten Zeit besteht allerdings darin, mir keinen selbstgemachten Stress zu machen, weil ich mit hochrotem

Kopf die beste Liege am Wasser erkämpfe, sondern mich daran zu erinnern, dass jeder Tag seine eigene Mühe hat und ich mir deswegen keinen künstlichen Sorgenberg aufschaufeln muss. Lieber nutze ich die Zeit, um rauszuschauen, mit meinen Jungs zu furchtbarer Musik zu tanzen und in der halben Stunde Ruhe, nachdem wir das letzte Kind hingelegt haben und das nächste schon wieder wach wird, meinem Mann einen Blick zuzuwerfen, der Verbundenheit bis in den kleinsten Winkel vermittelt und keine Worte braucht. Wir müssen uns erholen von der Tages Müh', denn die Besonnenheit in uns wird immer laut, sie sagt, dass gerade zu dem unumgänglichen Stress kein künstlicher produziert werden darf.

Auf dem Weg zur Schule fällt mir ein altirischer Segenswunsch ein: »Mögest du Ruhe finden, wenn der Tag sich neigt und deine Gedanken noch einmal die Orte aufsuchen, an denen du heute Gutes erfahren hast.«

Das sind die Orte, die ich auch oder gerade in den Sommerferien besuchen will.

> *»Mögest du Ruhe finden, wenn der Tag sich neigt und deine Gedanken noch einmal die Orte aufsuchen, an denen du heute Gutes erfahren hast.«*

Bewahrung

Wir können nicht beeinflussen, was geschieht. Aber wir können immer entscheiden, wie wir darauf reagieren.

Jetzt, wo sich der Abend über den Tag legt wie die kuschelige Polyesterdecke meiner Oma, merke ich, wie viel Glück wir gehabt haben.

Glück oder vielmehr Bewahrung. Was für ein altmodisches Wort, und dennoch trifft es die Sache genau.

Unser zehn Monate alter Sashi ist heute Morgen fünf Treppenstufen hinabgestürzt. Als ich meine Zahnbürste fallen ließ und den panischen Schreien meiner Söhne entgegenrannte, schossen mir tausend Gedanken durch den Kopf, und der lauteste war »Nein, bitte nicht!« Ich war nur eine Minute oben, hatte alles abgesichert, aber die Jungs wollten Sashi so gern einen Luftballon aus dem Keller holen, und als sie diesen mit voller Konzentration aufpusteten, hatten sie vergessen, dass die Tür zum Keller noch offensteht.

Erst als ich unseren Kleinsten im Arm hielt, ganz fest an mich gedrückt, auf und niederwippend traute ich mich, den Zahnpastabrei herunterzuschlucken.

Schnell prüfte ich, wie schlimm es um ihn stand. Von außen waren nur ein paar rote Male zu sehen. Dass auch innen alles okay war, sagte uns der spätere Krankenhausbesuch. Ich saß nach dem Termin noch einen Moment lang im Park hinter dem Krankenhaus. Sashi auf dem Schoß, meine Hände fest um ihn geschlossen, brauchten meine

Gefühle eine Weile, um hinterherzukommen. Unser kleiner Sohn wurde heute beschützt, unser großer damals nicht, oder jedenfalls nicht in der Art, wie ich es von Gott erwartet hätte.

Inzwischen kann ich beides annehmen. Die Erkenntnis, dass kein noch so fleißiges Gebet oder der aufopfernde Dienst der Frömmigkeit meine Familie »vor Unheil bewahren kann«, erschreckt mich nicht, sondern macht mich frei. Gott braucht keine besonders frommen Christen, die das Wort Sünde schon im Mund haben, bevor sie am frühen Morgen ihre Cornflakes gegessen haben, um diese dann für ihre vermeidliche Treue zu belohnen. Auch braucht er keine Christen, die sich selbst am härtesten mit angeblichen Gesetzen der Bibel reglementieren und meinen, ihre Art des Glaubens wäre die einzig richtige. Christen neigen dazu, untereinander hart ins Gericht gehen. Sie werden allerdings dadurch nicht mehr bewahrt oder verflucht als ohne diese oft aus der Angst entstandenen Konflikte. Hochmut kommt vor dem Fall. Sanftmut hält den, der fällt. Die Erkenntnis, dass es Leid auf dieser Welt gibt, dass wir es nicht verhindern können, macht mich weicher statt härter. Sie lässt mich noch dankbarer werden, dass unserem Baby nichts passiert ist.

Doch durch die Erkenntnis tendiere ich auch zu Zwangshandlungen, gerade nach solchen Unfällen. Nur schnell mal gucken, ob alle Türen zu sind. Nur noch einmal rasch, bevor ich schlafen gehe, an die Betten der Kinder, um zu prüfen, ob sie noch atmen, nur kurz schauen, ob das geschlossene Gartentor auch wirklich zu ist.

Um mich mit solchen Kontrollen nicht selbst zu geißeln, kann ich es nicht oft genug vor mich hinsagen: Der Schlüssel ist, die Angst vor der Zukunft zu verlieren, denn egal, wie gut wir ausgestattet sind mit Kissen, Versicherungen und Resilienzfaktoren, sie werden nicht alles Unglück verhindern können. Der Weg zur Sorglosigkeit führt demnach über ehrliche Gebete und das Vertrauen, dass Gott uns Menschen liebt.

Sich auf jemanden zu verlassen, braucht Mut. Mut, sich zu öffnen, und wenn nötig in eine Richtung zu gehen, die mit dem gewählten

Schuhwerk und der eigenen Idee im Kopf nicht kompatibel und somit unkomfortabel ist. Vielleicht haben wir zu wenig Verpflegung einge-packt und befürchten das Schlimmste. Wie soll mit enthusiastischem Schritt und funkensprühendem Gefühl ein Weg beschritten werden, der völlig unbekannt ist und zudem gefährlich wirkt?

Menschen zu vertrauen ist schon schwer, aber Gott? Den man nicht sieht? In einem Himmel, von dem niemand berichten kann?

Schwierig, zuweilen verrückt. Wenn da nicht das irdische Versprechen wäre. Und ich meine damit nicht, an einem schönen Ort zu wohnen oder einer Beschäftigung nachzugehen, die einen erfüllt. Sondern das Versprechen, Frieden zu verspüren.

Ein Vorgeschmack auf den Himmel. Spürbar in dem Moment, wo ei-nem klar wird, dass die mangelnde Verpflegung kein Problem darstel-len wird auf meinem Weg. Erst spät habe ich verstanden, dass Gott nur Dinge heilen kann, die ich mich traue auszusprechen. Ganz schön verzwickt. Und dennoch kann es nur so funktionieren.

Warum ist es so schwer sich auf jemanden
zu verlassen, sich lieben zu lassen?
Weil Liebe zu empfangen Geben bedeutet.

Ein großes Unglück des Menschen besteht darin, es allein schaffen zu wollen, zu erwarten, dass sich alles so erfüllt, wie man es sich in seiner sehr begrenzten Vorstellungskraft ausgedacht hat. Dabei geht es vielmehr darum, sich darauf zu verlassen, dass »es« gut ist, auch wenn »es« sich fremd, schlecht, anders anfühlt. Warum ist es so schwer sich auf jemanden zu verlassen, sich lieben zu lassen? Weil Liebe zu empfangen Geben bedeutet.

Ann Voskamp schreibt: »Sich lieben zu lassen kann die Angst vor der eigenen Verletzlichkeit und die Angst vor der Hingabe erschreckend deutlich machen.«

Wenn ich mich lieben lasse, vertraue ich darauf, dass mein Herz dabei nicht zu Schaden kommt. Kaum auszuhalten, wenn es bereits kaputt gemacht wurde. Voskamp ist sich sicher, Gott fließt in unsere Risse, fügt alles wieder zusammen. Da ist sie wieder, die Sache mit dem weichen Herz. Wie heißt es in dem Lied »Noch nie« von Johannes Hartl: »So lass mein Herz schmelzen wie Wachs unter dem Blick deiner Liebe.«

Und wenn es gelingt, das Herz nicht wieder hart werden zu lassen, auch wenn das Licht einmal nicht scheint, spürt man die Wärme auch in sehr schweren Zeiten. Ich schließe meine Augen und bin dankbar. Dankbar und frei in unserem Alltagschaos, mit der Gewissheit, dass ich geliebt werde. Das wir bewahrt werden, wenn auch anders als nach menschlichen Maßstäben. Für heute spüre ich dies alles. Morgen will ich mich neu daran erinnern.

Wahrhaftig

Ihr schaut mich an, und eure als Hoffnung getarnten Erwartungen stehen euch ins Gesicht geschrieben.

Ist es jetzt wieder gut? Ist er denn nun geheilt? Ich löse mal wieder nur Enttäuschung aus. Nein, nichts ist gut. Aus medizinischer Sicht gilt er in zwei Jahren als geheilt. Mit Blick auf das Erlebte und das damit verbundene emotionale Chaos weiß ich überhaupt nicht, ob es so etwas wie geheilt gibt.

Wir sind nicht zerstört worden, das bedeutet allerdings nicht, dass wir heile geblieben sind. Diese Ignoranz des Leids macht mich wütend. Warum ist es so wichtig, dass unter unserem Dach »alles gut« ist? Warum wird immer noch bei der Geburt eines Babys gesagt: »Hauptsache gesund!«? Diese Aussage schließt die Kinder aus, die nicht gesund sind. Kinder die krank geboren werden. Die eine Behinderung haben. Diese Kinder sind nicht gesund und dennoch vollkommen. Die Eltern leben weitab der Norm, doch das schließt das Glück nicht aus. Wohingegen sich auch im angeblichen Normbereich viel Schlick und Unglück angesammelt haben kann. Können wir diese Unterscheidungen nicht lassen? Im schlechtesten Fall fühlen sich beide Seiten ausgeschlossen.

An den Tagen, an denen die Sonne durch die Blätter des Kirschbaums blitzt, bin ich versöhnlicher, sehe die Angst in euren Augen. Krebs, jeder hat Angst davor. Krebs bei Kindern, Angst, die sich ausgezogen hat. Widerlich. Ich weiß inzwischen, dass wir, die wir ein krebskrankes Kind haben, die Bewahrer der geheimen Ängste von Gesunden sind.

Wie soll ich euch erklären, dass es nicht der Tod ist, den ihr fürchtet, sondern die Einsicht, dass das Leben endlich ist? Wer hat die Zeit, um still zu stehen, bis ich alles dargelegt habe, um deutlich zu machen, warum ich laut lachen kann und gleichzeitig tieftraurig bin? Ja, unser Sohn lebt und doch ist so viel verloren gegangen.

>>Meine Angst zugrunde zu gehen
hat sich gewandelt
seit ich am Ende war
mit meinen Kräften
meinen Bildern
den hehren Plänen, Sorgen und Wünschen.
Seit ich zugrunde gegangen bin
weiß ich um den Grund
der mich hält
die Quelle in der Tiefe
sprudelt anders als ich will
lehrt mich lauschen
dem Fluss folgen.<<

Melanie Kirschstein

Wer inne hält und denen lauscht, die jemand Geliebtes verloren haben, muss nicht mit dem Verstand bezahlen. Vielleicht geht ein Stück Leichtigkeit verloren, doch dafür bekommt man das wahrhaftige Leben und verlässt den Raum mit der Erkenntnis, dass die Zeit, die uns scheinbar das ganze Leben jagt, die sein wird, die unsere Wunden unermüdlich verbindet. Ja, Narben werden bleiben. Sie erinnern mich, denjenigen zu helfen, die stehen geblieben sind, um geduldig zu horchen. Denen, die aus welchen Gründen auch immer das Gefühl haben, dass das Herz nicht mehr regelmäßig schlägt, denen, die Schmerzen spüren in der Brust und Angst davor haben, nicht mehr warm zu werden.

Vergebung ist kein Gefühl

»Und jedes Jahr wieder, Ende September, da sind es die Zugvögel, die mich erinnern: Es ist Zeit, manches ziehen zu lassen. Gen Süden oder noch viel weiter.«

Es gibt Situationen im Leben, die graben sich von den Sitzbeinhöckern hoch bis ins Großhirn, um da ordentlich Unruhe zu stiften. Auch wenn sie schon Jahre zurückliegen.

Bei mir ist das ein Erlebnis mit einer entfernten Bekannten. Eigentlich kannten wir uns gar nicht richtig, doch es reichte aus, dass sie richtig wütend auf mich war. Die Basis waren Missverständnisse.

Sie schrie mich bei einem Treffen an, brüllte die Umgebung zusammen, hinter ihr zuckten die Blitze über den Himmel, es braute sich ein Gewitter zusammen. Über mir, vor mir. Ihr Schreien wurde von einem Donnerschlag übertönt, erste dicke Regentropfen klatschen wie Ohrfeigen gegen meine Wangen. Ich war zu dieser Zeit, sagen wir mal so, nicht so richtig verwurzelt, und alles, was sie herausschrie, traf mich hart.

Auch heute, Jahre später beben plötzlich meine Nasenflügel vor Empörung, wenn ich an diese Situation denke. »So darf niemand mit mir reden!« Mein Hirn will die Erinnerung ausbuddeln, freilegen, bis sie blank vor mir steht.

Wenn die Erinnerung dann nach Luft schnappt, fragt sie sich: »Was zum Henker will ich hier?«

Ja, was willst du hier?

Das Erlebte ist erlebt, die Verletzung ist geschehen, an dem Gedankengebäude kann natürlich noch gebaut werden, aber es schwankt bedrohlich, die Statik ist schlampig.

Es ist an der Zeit zu vergeben. Vergebung bedeutet akzeptieren zu können, wenn mir unrecht widerfahren ist. Ohne Entschuldigung des Gegenübers die Wut ziehen lassen. Jemandem zu vergeben heißt nicht automatisch, dass man sich vertragen muss, sondern, dass man zunächst einmal verzeiht. Vergeben braucht Zeit und die Fähigkeit, den Blick nach vorne zu richten.

Im Vaterunser heißt es: »Und vergib uns unsere Schuld, wie auch wir vergeben unsern Schuldigern.« (Matthäus 6,12)

Wenn ich an diesen Vers denke, mildert das meine Wut oftmals unmittelbar, denn mich daran zu erinnern, dass auch ich nicht ohne Schuld und ebenso auf Vergebung angewiesen bin, lässt mich von meinem Ross des Zorns steigen.

Die 1892 in den Niederlanden geborene Corrie ten Boom war im Konzentrationslager, weil ihre Familie Juden versteckt hatte. Viel später predigte sie in Kirchen. Bei solch einer Veranstaltung kam ein Mann auf sie zu. Sie erkannte in ihm sofort den Mann, der ihre Schwester ausgepeitscht hatte. Ihre Schwester hat das Konzentrationslager nicht überlebt. Der Mann stand vor ihr und bat um Vergebung. Sie vergab ihm.

Corrie ten Boom sagt: »Vergebung ist kein Gefühl, sondern in erster Linie ein Akt des Willens.«

Man muss sich also dafür entscheiden, die zentnerschwere Last des Grolls abzulegen, damit langsam eine Linderung des Schmerzes in Gang gesetzt werden kann, die endlich den Frieden in das Herz holt. Die pöbelnde Erinnerung zerspringt. Corrie ten Boom hat außerdem gesagt: »Wenn Gott einen Menschen misst, legt er das Maßband nicht um seinen Kopf, sondern um sein Herz.« Mein Kopfumfang ist nicht üppig, daran kann ich nichts ändern. Aber mein Herz, das kann ich wachsen lassen. So Gott es will.

Schneckenweisheiten

Manche Gedanken sind Nachtgeschöpfe und kommen nur hervor, wenn es dunkel ist. Nicht die Dunkelheit der Nacht beunruhigt mich, sondern die Stille. Was ich am Tag oftmals herbeisehne, ist auf einmal da, und ich weiß nicht, wie ich damit umgehen soll. Es scheint, als hätte ich das Nachdenken verlernt. Nein, nicht das Nachdenken, sondern den Prozess des Nachdenkens. Dass nicht immer alles sprudelt, sondern dass es langsame und holprige Gedanken gibt. Alles in und an mir scheint in Grübelnächten auf einmal laut. Mein Atem, mein gluckernder Bauch, mein Gedankengewitter, sodass es in der Stille um mich herum wie ohrenbetäubender Krach wirkt.

Um mich zu sortieren, mache ich das Licht an, nehme mir meine Wärmflasche und das Buch, das ich für solche Ich-bekomme-keine-Luft-Momente platziert habe. Meistens sind es Romane, in denen die Protagonisten viel in der Natur sind und ansonsten nicht viel passiert. Das verjagt die Monster, mindert den Krach, lässt mich aussteigen und an etwas anderes denken. Meistens werden meine Augen schnell müde und ich finde wieder zurück in den Schlaf. Es gibt jedoch Nächte, die sind hartnäckig, dann widme ich mich den Zahlen. Die Zahlen langweilen mich so sehr und lassen mich zudem an nichts anderes denken, dass ich dabei schnell ermüde. Stellt sich auch dadurch keine Ruhe ein, stelle ich mich ans Fenster. Ich fange an zu beten und schaue dabei hinaus. Beim Rausschauen fällt mir auf, dass ich schon wieder vergessen hatte, dass die Nacht das Licht verwahrt. Ganz sanft streichelt es meine Wange. Der nächtliche Stillstand ist nötig. Ich bin noch nicht ganz überzeugt davon, möchte am liebsten schlafen, doch ich merke, das hier ist wichtig. Ich blicke zu der Laterne vor unserem Haus, ihr orangenes Licht lächelt mir zu. »Alles gut, du darfst grübeln, halt es aus, dass gerade nichts anderes passiert«, scheint sie zu sagen. Während ich am Fenster stehe, wandern meine Gedanken zu einem Buch, das ich gelesen habe. Elisabeth Tova Bailey erzählt darin ihre Geschichte. Bailey ist eine amerikanische Journalistin, sie schrieb Essays und Kurzgeschichten, bis sie mit 34 Jahren nach einer Europareise an einem Virus erkrankt, der sie für lange Zeit an ihr Bett fesselt. Da liegt sie, an manchen Tagen so erschöpft, dass ihr Tagesziel darin besteht, sich von links nach rechts zu drehen.

»Auch wenn der Körper zu nichts mehr zu gebrauchen ist, jagt der Geist doch wie ein Bluthund auf den gewohnten Neuronenbahnen dahin und versucht, die Antworten zu einem Wust aus Fragen aufzuspüren – das Warum, Was, Wann und das unvorstellbare Wie [...] Bei guter Gesundheit erscheint es einem selbstverständlich, dass das Leben einen Sinn hat, und es ist erschreckend, wie rasch eine Krankheit diese Gewissheit zunichtemachen kann.«
Nichts anderem ausgesetzt außer ihren Gedanken, weil jegliche Art von Zerstreuung sie zu sehr anstrengt. Vor der Viruserkrankung führte Bailey ein aktives Leben; wandern, segeln, mit Freunden treffen, mit ihrem Hund den Wald erkunden. In der Zeit der Bettlägerigkeit war das Leben auf einmal nicht mehr zu erreichen.
Von einer Freundin bekommt sie eher aus Hilflosigkeit als aus Kalkül eine Schnecke geschenkt, eine ganz normale Gartenschnecke mit Gehäuse, die sie am Wegesrand aufgegabelt hat. Bailey weiß nicht, was sie damit anfangen soll. Da sitzt die Schnecke zurückgezogen unter einem Veilchenblatt auf ihrem Nachtschrank.
Abends, als Bailey schon fast die Augen zufallen, zeigt sich die Schnecke das erste Mal, und sie ist überrascht, dass da wirklich Leben in

dem Gehäuse ist. Sie fängt an die Schnecke zu beobachten, genauso, wie sie ihre Freunde beobachtet, die sie besuchen. Sie fragt sich,
warum ihre Freunde ihr arbeitsames Leben nicht im Griff haben, obwohl sie alles tun können, was ihr selbst unmöglich ist. Warum ist da
dennoch so viel Überforderung?
Sie wendet sich mehr und mehr der Schnecke zu, lässt ihr eine richtige
Behausung bauen. Sie fängt sogar an, ihr zuzuhören. Es beruhigt sie.
Nach ein paar Wochen des Zusammenseins ist ihr klar: Die Schnecke
und sie wohnen nun offiziell zusammen. Sie hat die Schnecke in ihr
Herz geschlossen, alles an ihr fasziniert sie. Wie sie nächtliche Wan-
derungen unternimmt und ihr kein Hindernis zu hoch ist. So besorgt

sie sich Bücher über Schnecken, um »ihre« Schnecke besser studieren zu können. Die Menschenwelt mit all ihrem Gehetze verwirrt sie immer mehr, wohingegen die Schnecke mit ihrem Tun ihren Geist anregt.

»Das Überleben hängt oft davon ab, dass man einen Lebensinhalt hat: eine Beziehung, einen Glauben, eine auf dem schmalen Grat des Möglichen balancierende Hoffnung.

Oder von etwas Flüchtigerem: Die Art und Weise, wie die Sonne durch eine harte, scheinbar undurchdringliche Fensterscheibe hindurch die Bettdecke wärmt oder wie der Wind, nur in der Bewegung sichtbar, die er erzeugt, so laut tost, dass man ihn durch die gut isolierten Mauern des Hauses hört.«

An dieser Stelle des Buches muss ich denken, wie ich da am Fenster stehe. Mir wird klar, dass man am Tag oft auf dem schmalen Grat landet, daneben tritt, den Halt verliert, durch den Tag purzelt. Zwischen all den Nachrichten und Meinungen, die sich über einen ergießen. Weil wir denken, dass wir informiert sein müssen. Immer, Tag und Nacht. In Bewegung, am Puls der Zeit. Bewegung ist gut. Die Frage ist dabei, was uns in Schwingungen versetzt. Denn das Flüchtige ist schnell vorbeigezogen, sogar in Form eines Kriechtiers, dass eine schleimige Spur hinterlässt. Gibt es keinen Blick dafür, dann bekommen wir noch nicht einmal Wunder im Schneckentempo mit.

Das Buch endet damit, dass Bailey nach langer Therapie wieder ein paar Schritte am Waldrand gehen kann. Sie beschließt, die Schnecke ziehen zu lassen. Und als sie sie frei lässt, wird ihr klar, dass die Schnecke in all ihrer Bescheidenheit ein Lehrmeister und eine Kraftquelle für sie gewesen ist. In ihrem Leid war es der Stillstand, der es ihr ermöglicht hat, in eine vollkommen neue Welt einzutauchen, die sonst an ihr vorbeigezogen wäre. Das Schöne im Hässlichen. Hätte sie die Wahl, würde sie sich mit Sicherheit niemals für die Erkrankung an einem seltenen Virus entschieden, aber das neugewonnene Bewusstsein für winzig kleine Organismen und ihre ganz eigenen Wunder ist ein Gewinn.

»Ein letzter Blick in den Sternenhimmel und dann ins Bett. Es gibt viel zu tun, so schnell oder langsam, wie es mir eben möglich ist. Ich muss die Schnecke in Erinnerung behalten. Immer die Schnecke in Erinnerung behalten.«

Ich schaue in den Himmel, Sterne sehe ich nur wenige, wir wohnen zu nah an Berlin, die Stadt ist zu hell. Aber was ich sehe, reicht mir, es ist wunderschön und hoffnungsvoll. Was ich fühle wirkt im ersten Moment nicht gut, doch der nächtliche

Stillstand zwingt mich, nicht in Flüchtigem zu verharren, sondern eine Schicht tiefer zu gehen

Stillstand zwingt mich, nicht in Flüchtigem zu verharren, sondern eine Schicht tiefer zu gehen. Es scheint mir, als würde es immer wärmer je tiefer ich gehe, ähnlich wie beim Erdkern. Da fühle ich mich geborgen, in meinem Inneren, das ich aushalte, das sich auch nicht gut anfühlen darf. Ich krieche langsam zurück in mein Bett mit der Gewissheit, dass mich der Überfluss dieses Moments den ganzen Winter warmhalten kann.

Wärme spenden

Als Sozialpädagogin durfte ich schon in den unterschiedlichsten Bereichen arbeiten. Unter anderem im Jugendzentrum, im Betreuten Wohnen für Kinder und Jugendliche, in der Kinder- und Jugendpsychiatrie und in einer Beratungsstelle für Pflegefamilien. Überall war es spannend und herausfordernd. Meine erste Arbeitsstelle nach meinem Studium hat mich allerdings besonders geprägt. Mein Aufgabenbereich bestand damals aus der Begleitung von alleinerziehenden Frauen während ihrer Ausbildung. Eigentlich wollten die jungen Frauen, die alle aus demselben Brennpunkt Berlins stammten, einfach nur lernen, wie man Haare schneidet, aber da die Ausbildung gefördert war, hatten sie mich als Sozialpädagogin an der Backe. Zuerst ignoriert und kritisch beäugt, habe ich über die Jahre gelernt den richtigen Ton zu treffen und damit Türen zu öffnen. Es war eine sehr wertvolle Arbeit und ich durfte viel lernen. Die jungen Frauen waren bei der Geburt ihres ersten Kindes alle nicht älter als 18 Jahre. Selbst bei einer alleinerziehenden Mutter aufgewachsen, wurden auch sie meist von den jungen Väter noch vor dem ersten Geburtstag des gemeinsamen Kindes verlassen. In meinem Masterstudium hatte ich die Möglichkeit, eine Studie mit den alleinerziehenden Frauen zu machen, die sich damit befasste, welche Bewältigungsstrategien es in dieser schwierigen Lebenslage gibt, um diese ausbauen zu können. Für diese Forschungsarbeit habe ich viele Interviews geführt. Heraus kam, dass die größte Unterstützung Freunde und Familie bildeten. Professionelle Unterstützungsangebote wurden auch als hilfreich angesehen, spielten allerdings bei der Bewältigung des herausfordernden Alltags eher eine geringere Rolle. Auffällig war, dass der Hauptpol der Unterstützung bei der eigenen Mutter lag, wobei die alleinerziehenden Frauen zwar versuchten, sich von ihr zu emanzipieren, allerdings in Notsituationen auf sie zurückgriffen.

Eine Aussage kam in den Interviews immer wieder vor, ich habe sie jedoch erst Jahre später verstanden. Viele der jungen Mütter nannten als positiven Aspekt, so früh Mutter geworden zu sein, dass sie nun endlich nicht mehr allein wären. Schon als Kinder früh auf sich allein gestellt und von Verlusterfahrungen geprägt, waren sie froh über die Konstante, die ihre eigenen Kinder boten. Ich habe das damals kognitiv verstanden, begriff aber nicht ganz, was sie damit meinten. Wenn ich allein war, fühlte ich mich nicht einsam oder verlassen. Auch als ich Jahre später selbst Kinder hatte, war ich eher froh über die kleinen Zeitfenster, in denen ich allein essen oder schlafen konnte.

Erst in der schweren Zeit habe ich verstanden, was es heißt, sich allein zu fühlen. In den vielen Nächten, in denen unsere Familie durch die Krankenhausaufenthalte unseres Sohnes auseinandergerissen wurde, fühlte ich mich einsam in unserem Haus und musste mich darauf konzentrieren, keine Panikattacken zu bekommen. In solch einem Moment, ich fand nachts keinen Schlaf, merkte, wie sich mein Hals wieder einmal zuschnürte, hörte ich die Bettdecke von unserem kleinen Sohn rascheln. Ich stand auf und ging zu seinem Bettchen, stand lange davor, betrachtete ihn, wie sein Brustkorb sich auf und nieder senkte. Sah seine kleinen Fäustchen, die entspannt neben seinem Kopf lagen, und betrachtete meine eigenen zur Faust geballten Hände. Ohne groß nachzudenken nahm ich ihn behutsam raus und legte ihn zu mir ins Bett. Seine bloße Anwesenheit, seine Wärme und der Rhythmus seines Atmens beruhigten mich. Vorsichtig deckte ich ihn zu und blieb einfach so liegen, bis sich meine Augen an die Dunkelheit gewöhnt hatten. Ich sah die Schatten der Jalousie, folgte den kleinen Punkten, die das Licht der Laterne auf die Schlafzimmerwand warf. Mein Atem wurde ruhiger, ich fing an, meine Begrenztheit zu sehen und gestand mir ein, gerade weit entfernt von dem Bild zu sein, dass ich irgendwann einmal von mir als Mutter gemacht hatte. Von den Ideen, die ich mir einst in den Kopf gesetzt hatte, wie eine Mutter denkt, fühlt und handelt. In der Dunkelheit konnte ich inzwischen die Umrandungen unserer Möbel sehen. Alles eine Idee davon, wie mein Leben aussehen kann; unser Schrank, der mir so vertraut vorkam und dennoch nichts weiter war als ein Schrank. Mir wurde klar, meine Überzeugungen können – und vielmehr: dürfen – auch falsch sein. Nichts ist in Stein gemeißelt. Das eine Bild von einer Mutter gibt es nicht. Es ist vielfältig und immer im Wandel. Mutter zu sein bedeutet vor allem im Fluss zu sein, es aushalten, dass es selten einen Stillstand gibt. Mutter zu sein heißt anzunehmen, trotz allen Informierens wenig vorher zu wissen und trotzdem die Gewissheit nicht zu verlieren, dass nach dem tosenden Wasserfall auch wieder ein ruhigeres Gewässer wartet.

In dem Roman »Auerhaus« heißt es: »Was man theoretisch richtig findet, das kann ziemlich weit weg sein von dem, was man praktisch aushalten kann.«

Mein Konzept von Mutterschaft ist es nicht, dass Kinder ihre Eltern trösten sollen, und dennoch bin ich eines Besseren belehrt worden. Im Schlaf, ganz leise, war so viel Trost. Und das war in Ordnung. Nun verstand ich, was die jungen Mütter mir damals zu verstehen geben wollten. Am liebsten hätte ich zum Telefonhörer gegriffen und mit ihnen gesprochen, mit jeder einzelnen. Ich hätte ihnen so gern berichtet, dass ich ihr Konzept nun verstehe, dass es das Normalste der Welt ist, sich in der Nähe eines anderen geborgen wissen zu wollen. Dass man sich in schweren Zeiten nicht eisern Nacht für Nacht durchkämpfen muss, die verkrampften Hände um den eigenen Körper geschlungen. Eine Familie, aus wie viel Mitgliedern sie auch bestehen mag, darf sich gegenseitig Wärme schenken, weiterhin in der Überzeugung, dass Kinder sich nie um ihre Eltern sorgen sollten, doch darf ihre unbedarfte Wärme in uns übergehen, damit wir, wenn der Tag erwacht, aufstehen und uns kümmern können. Um uns und um sie, als unsere Anvertrauten.

Köpfe öffnen, Horizonte erweitern

»Die Ohren eures Kleinsten kann man ja später noch anlegen lassen!«, sagte jemand ganz nebenbei in einem Gespräch mit mir.

»Und deine Sicht auf die Dinge kann man hoffentlich noch etwas erweitern!«, denke ich spontan.

Ich weiß, dass solche Aussagen nicht wirklich böse gemeint sind. Vielmehr erschreckt es mich, dass es einen Maßstab, ja einen Richtwert gibt, und dass es für viele irritierend und zugleich selbstverständlich ist, dass nach einer normierenden Lösung gesucht wird, wenn Menschen diesem Richtwert nicht entsprechen. Und hier geht es nur um Ohren, die wirklich keine Inklusion brauchen.

Mein Vater war jahrelang Leiter einer Einrichtung für Menschen mit Behinderung. Er war in den Achtzigerjahren ein Revoluzzer; hat Massenschlafsäle abgeschafft und sie durch kleine, gemütliche Wohngruppen ersetzt. Er hat für Arbeitsplätze und sinnvolle Freizeitbeschäftigung gekämpft. Für Rollstühle, mit denen man auf Sand fahren kann, damit das Meer jedem zu Füßen liegt. Rainer, Bettina und Co haben mit unserer Familie selbstverständlich Weihnachten gefeiert und gemeinsame Urlaube verbracht. Wir sind mit einem alten Bulli der Einrichtung über die Autobahn nach Kroatien gefahren, um viele, viele Stunden später alle mit aufgerissenen Augen das türkisblaue Meer zu bewundern. Natürlich war das alles andere als der Norm entsprechend, aber liegt nicht gerade darin der Schatz? Sich darauf einlassen, dass nichts perfekt ist. Die Unvollkommenheit als selbstverständlich ansehen.

Für mich gibt es nichts Normaleres als die Abweichung. Als unser jüngster Sohn geboren wurde, waren seine Ohren ganz eingerollt. Ich habe das gleich gesehen, als er auf meiner Brust lag, und mir nichts gedacht. Da war nichts außer das Gefühl von purem Glück. Ich habe geweint und Gott gedankt. Ebenso war mir diesem Moment die Endlichkeit absolut bewusst. Bei einer Geburt an den Tod denken, auch das gehört zu meinem jetzigen Ich. Die Naivität der vorherigen zwei Geburten ist nicht mehr da, und ich habe gelernt, ihr nicht trauernd hinterherzuschauen. Zu wissen, was das Leben mit sich bringen kann, hat etwas Bodenständiges. Ich fliege seltener durch die Lüfte, dafür bin ich eine Meisterin darin geworden, mich über den Boden zu schlängeln und dabei all die Kostbarkeiten zu sehen, die man aus der Luft nicht einmal erahnen kann. Das Wissen, dass wir nicht unsterblich sind, schmeckt nicht bitter.

In den Stunden nach der Geburt konnte ich förmlich sehen, wie die Öhrchen Stück für Stück schlüpften. Wie sie sich vollkommen entfalteten. Es war fantastisch.

Nun gibt es Abweichungen, die weniger fantastisch sind. Die Angst machen. Neben denen man nicht lächelnd sitzt und zuschaut, wie sie sich entfalten. Und gerade da sollte es das Normalste der Welt sein, dass sich die Gesellschaft weitet, die Tore der Toleranz und des Beistands weit öffnet. Weil jedem klar sein sollte, dass alle Menschen ein Recht auf Leben haben. Auf ein gutes Leben. Und dafür braucht es Anerkennung und Unterstützung, kein Entsetzen und Zurückschrecken.

Die Reporterin Evelyn Horst fragte einmal in einem Interview eine Mutter, was diese fühlte, als sie ihren Sohn, der Trisomie 21 hat, das erste Mal im Arm hielt. Die antwortete: »Kinder sind immer ein Geschenk, egal, wie sie verpackt sind.«

Absolut, dieser Leitsatz sollte an jeder Bushaltestelle stehen und an die Häuserwände der Stadt gesprayt werden. Damit es keinen Zweifel mehr gibt, dass es keine Norm braucht. Damit endlich das Bewusstsein in den Köpfen einziehen kann, dass alle Menschen gleich, nur unterschiedlich umhüllt sind.

Zuflucht

In seinem Lied »Zeugnistag« singt Reinhard Mey:
»Nur eine Lektion hat sich in den Jahr'n herausgesiebt,
die eine nur aus dem Haufen Ballast:
Wie gut es tut, zu wissen, dass dir jemand
Zuflucht gibt,
ganz gleich, was du auch ausgefressen hast!«
Das ist die Basis, auf der die Füße unserer Kinder stehen.
Ich war in der Schule keine Raufschwester, aber auch absolut kein
Lehrerliebling. Ich war zu unangepasst, gab selten Ruhe und dazu
war ich keine Überfliegerin. Auch wenn meine Schulzeit nicht die
schönste war, konnte ich mich auf eins verlassen: Auf die Hand meines Vaters, die zum Telefonhörer griff, um meinen Physiklehrer anzu-
rufen und ihm wiederholt mitzuteilen, dass er sein Verhalten seiner
Tochter gegenüber nicht duldete.
Das Gespräch war auf Lautsprecher, und die ganze Familie, Mama
und drei Geschwister, zu Füßen der Hund, standen drum herum. Alle
mit dickem Grinsen im Gesicht. Der Physiklehrer blieb ein gemeiner
alter Mann, der mich meine ganze Schulzeit nicht in Ruhe ließ. Vielleicht ist das der Grund, warum ich mir ein Berufsfeld ganz weit weg
von Naturwissenschaften gesucht habe. Damit wollte ich nach meiner Schulzeit nichts mehr zu tun haben. Aber dank meiner Eltern ver-
folgt mich mein Physiklehrer nicht in meine Träume, sondern es blieb

bei der Erfahrung, dass es nette und weniger nette Menschen gibt, und dass man dieser Art von Menschen nicht aus dem Weg gehen kann.

Doch diese Unausweichlichkeit ist nicht gleichzusetzen mit »Auge um Auge, Zahn um Zahn«, damit, dass Gleiches mit Gleichem vergelten werden muss. Dass man erst Ruhe findet, wenn man es dem anderen heimzahlen konnte. Natürlich tat es gut, meinen Lehrer am Telefon stammeln zu hören, aber das hatte eher damit zu tun, dass ich ihm als Teenager völlig ausgeliefert war und mein Vater ihm stellvertretend meine Grenzen aufzeigte.

Es hat mir so sehr geholfen, zu wissen, ich muss nur meinen Mund aufmachen und da gibt es jemanden, bei dem ich Zuflucht finde und der zu mir steht.

Wir nehmen immer ein Stück unserer Vergangenheit, das Erlebte unserer Kindheit, mit in die Erziehung der eigenen Kinder. Nicht alles davon gefällt uns. Das ein oder andere aus meiner Kindheit habe ich abgeschüttelt und mich in neue Erkenntnisse gekleidet, aber dass meine Eltern immer zu mir gehalten und niemals infrage gestellt haben, ob sie hinter mir stehen sollten, das möchte ich ebenso an unsere Jungs weitergeben. Sie annehmen und lieben, wie sie sind, und ihnen einen Rahmen geben, in dem sie Halt finden und dabei heranwachsen und sich entwickeln dürfen. Es gibt Momente, da müssen alle Regeln außer Kraft gesetzt werden, um hinter dem eigenen Kind zu stehen, es zu halten und ihm zu versichern: Ich werde da sein, wenn du Hilfe brauchst.

Diese Zusage löst das Problem oftmals nicht, und dennoch richtet solch ein Zuspruch auf. Mein Physiklehrer ist schon lange in Rente, aber auch ohne seinen Unterricht gibt es Situationen in meinem Leben, da möchte ich, dass jemand für mich einsteht, dann fühle ich mich, als wäre ich 13 Jahre alt und möchte behütet werden. In diesen Augenblicken werde ich ganz klein und habe das Gefühl, alles hat sich gegen mich verschworen, ziehe die Decke über meinen Kopf. Darunter ist das Licht gedämpft und es wird schnell wohlig warm. Erst denke ich, es ist eine Einbildung, doch dann höre ich sie wieder, eine wunderschöne Melodie, und auf diese Melodie werden immer dieselben Worte gesprochen, sacht aber beständig: »Wenn Gott für uns ist, wer kann da noch gegen uns sein?« (Römer 8,31)

Ich habe es mal wieder vergessen: Da steht jemand hinter mir, die ganze Zeit. Wenn es sein muss, baut er sich auf, kann sich aber auch ohne Probleme im Hintergrund halten. Warum entschwindet mir dieses Wissen immer wieder? »Mit dir kann ich ganze Armeen zerschlagen, mit dir überwinde ich jede Mauer« (Psalm 18,30). Ich bin nicht allein, ich muss mich auch nicht allein durchkämpfen, ich muss nur Reize ziehen lassen, um Wesentliches zu hören. Wenn alles vollgestopft ist und ich vor allem nur mein Fluchen darüber höre, dass alles so vollgestopft ist, dann heißt es stehen bleiben, die Hände öffnen, die Ohren spitzen, um die Melodie des Versprechens zu hören, dass wir jede Mauer überwinden können. Nicht mit dem Kopf durch die Wand, sondern mit einem Luftsprung gen Himmel.

Das Unabsehbare

Ich liege auf einem Grab. Wir haben Winter 2013.

Mühsam öffne ich die Augen. Das halbe Dorf steht um mich herum. Die Blaskapelle des Schützenvereins hat aufgehört zu spielen. Mühsam setze ich mich auf. Mia, die nette Nachbarin meiner Eltern, reicht mir Wasser in einem roten Grablicht. Ich trinke benommen und versuche mich zu ordnen. Was war passiert?

Mein Opa ist gestorben. Für seine Beerdigung bin ich von Berlin in mein Heimatdorf im Weserbergland gereist. Mein Opa war ein sanfter Mann, mit blauen Augen, voll in den Strukturen des Dorflebens eingebunden. Ich sehe ihn vor mir als Schützenkönig, in einem grünen Anzug, an dem lauter Orden hängen. Mit seiner Frau hat er zwei Söhne, einer davon ist mein Vater.

Meine ganze Familie ist zu seiner Beisetzung gekommen, um Abschied zu nehmen. Morgens vor der Beerdigung ging es mir noch gut, ich bin sogar noch eine Runde joggen gewesen. Doch schon beim Duschen hatte ich Magenschmerzen. Bestimmt die Trauer, gemischt mit dem kroatischen Essen gestern, beruhigte ich mich. Obwohl es von Stunde zu Stunde schlimmer wurde, wollte ich mich unbedingt von meinem Opa verabschieden.

In der Kapelle wischte ich mir den kalten Schweiß von der Stirn, hielt mir den Bauch, mir war unglaublich schlecht. Als ich die Blume in sein

Grab werfen wollte, wurde mir schwarz vor Augen und schwindelig, ich flüsterte in das Ohr meines Mannes, dass wir hier schnell wegmüssten, da knickten mir die Beine weg.

Ich war in Trauer. Und ich hatte das Norovirus. Vier Stunden später hatten es alle. Zwei Badezimmer waren zu wenig für die ganze Verwandtschaft. Mein Neffe übergab sich vor das Sofa, ich in das Waschbecken, während meine Schwester das Klo nahm. Das Haus meiner Eltern wurde in wenigen Stunden zum Lazarett. Es war beängstigend.

Meinen Bruder und seine Frau erwischte es im Auto auf der Landstraße. Meine kleine Schwester verbrachte die ganze Zugfahrt auf der ICE-Toilette.

Das Unabsehbare, es macht einem Angst. Im Hier und Jetzt vermittelt es oftmals das Gefühl, es würde nun immer so bleiben. Obwohl schon so oft vom Gegenteil berührt, überwiegt die kritische Haltung. Diesmal bleibt es so, für immer. Ich weiß es.

Und dann kommt er, der Moment, in dem erst ein Knäckebrot mit Butter, dann mit Marmelade drinnen bleibt. Der Magen blubbert, aber er ist zufrieden. Und am nächsten Tag steigen die Füße vorsichtig aus dem Bett, die Freude, dass die Unbeständigkeit die Wohnung verlassen hat, ist riesig.

Es gibt aber auch die Zeiten im Leben, in denen die Unbeständigkeit bleibt, in denen nicht klar ist, was auf einen zukommt, wie die Zukunft aussehen wird. In denen der Wunsch so groß ist, Gewissheit zu haben, sie aber nicht greifbar ist. In solchen Zeiten ist es wichtig, die Kraft, die man in den Wunsch investiert, dass alles wieder so wird wie gewohnt, in die Akzeptanz dessen zu stecken, was im Hier und Jetzt passiert. Sollte das zu schmerzhaft sein, tut es gut, sich an etwas Schönes zu erinnern. Etwas, das schon erlebt wurde, um die Hoffnung nicht zu verlieren, um aus dem Angstzustand heraustreten zu können, und sei es nur für einen Augenblick. Und dann dürfen wir abgeben. Die Angst und den ungewohnten Zustand weiterreichen.

In solchen Zeiten spreche ich mein Unbeständigkeitsgebet:

»Herr, versorge uns heute.

Nicht mit Essen und Wärme, denn davon haben wir genug, sodass es uns demütig werden und nichts anderes als teilen lässt.

Versorge uns mit Verständnis, Ruhe (innen) und Geduld.

Und nicht zu vergessen: mit Hoffnung.

Wir können nur bis jetzt sehen. Nicht zu wissen, ob der nächste Tag einsame Stunden oder ständige Überforderung bereithält, macht leer, auch wenn der Bauch voll ist.

Lass uns die Hände und Augen öffnen,

damit wir wieder fühlen können, wie viel Wohlhabenheit es gibt.

Die Weitläufigkeit, sie ist da. Wir müssen sie nur betreten.

Vertrauen. Lass uns vertrauen.«

Wie ein Mantra habe ich das Gebet schon so oft gesprochen, um mir in der Fremdheit des Zustandes ein Stück Zuhause zu holen und anzunehmen, dass ich gerade wenig an meiner schweren Lage ändern kann. Das Leben ist nicht automatisch unzulänglich, weil es Wogen schlägt. Ich habe gelernt, in schweren Zeiten aufmerksam und somit großzügig mir gegenüber zu sein. Mich selbst nicht fertig zu machen. Die Welt scheint unerträglich, doch mich selbst sollte ich immer aushalten können, denn ich kann nicht aus meiner Haut. Muss ich auch nicht, denn ich bin gut. Ich bin nicht frei von der Schwere des Lebens, aber wenn ich für mich sorge, dann ändert sich mein Blick. Und das ist entscheidend dafür, wie ich dem Leben begegne. Auch das ist für mich Glaube. Mich gernzuhaben, weil Gott mich gernhat. Dass Gott mich nicht befreit von dem Schweren der Welt, nicht von dem Übel einer Magen-Darm-Erkrankung, nicht von dem Leiden, das der Krebs verursacht hat. Aber er erinnert mich daran, dass er zwar nicht sichtbar, aber stetig anwesend ist, dass er mich liebt und dass er liebevoll lächelt, wenn er sieht, dass ich mich um mich kümmere. Zu wissen, dass Gott sich freut, wenn ich für mich sorge, ist für mich Motivation und Gedächtnisstütze zugleich.

Nicht vergessen

Vor 14 Jahren ist der einzige Sohn der Nachbarn meiner Eltern bei einem Autounfall ums Leben gekommen. Er war zwanzig Jahre alt und saß als Beifahrer in einem Kleinwagen, der nachts auf dem Nachhauseweg von der Disco auf der Landstraße vom Weg abkam. Den Eltern hat es das Herz herausgerissen.

Meine Mutter stellt seitdem an dem Todestag des Sohnes eine Kerze und ein paar Aufmerksamkeiten vor die Tür der verwaisten Eltern. Noch vor Sonnenaufgang geht sie im Nachthemd rüber, um die Sachen zu platzieren, damit sie die Nachbarin beim Hereinholen der Zeitung findet.

Oft geht der Bewegungsmelder dabei an. Dann weiß die Nachbarin, die in der Nacht, in der ihr Sohn gestorben ist, nie schläft, dass gerade etwas vor die Haustür gelegt wurde. Zum Trost, denn auch wenn der Unfall schon Jahrzehnte zurückliegt, ist der Schmerz in manchen Momenten genauso stark wie an jenem Morgen, als die Polizei in die Straße einbog, um eine Nachricht zu überbringen, vor der sich alle Eltern fürchten.

Wir Menschen denken an Geburtstage oder Hochzeitstage, doch das bewusste Zelebrieren eines Todestags ist wenig verbreitet. Für die Betroffenen ist das Datum, an dem sie einen geliebten Menschen verloren haben, dagegen eingebrannt. Jedes Jahr, wenn sich die Jahreszeit ankündigt, in der der Todestag liegt, entsteht in der Magengegend ein dumpfes Gefühl, das sich immer weiter im ganzen Körper ausbreitet, umso näher der Tag rückt. Todestage verjähren nicht. Vielleicht ändert sich der Charakter und der Umgang damit, doch der Verlustschmerz, das Vermissen, die Sehnsucht, bleibt ein Leben lang bestehen.

Damals hielt die Polizei in den Morgenstunden erst vor dem Haus der Nachbarn meiner Eltern und fuhr danach die Straße weiter entlang, um vor dem Haus einer polnischen Familie zu halten. Ihre Tochter, auch Anfang zwanzig, war in demselben Auto verunglückt. Die beiden kannten sich noch nicht einmal gut, sie waren lediglich in der gleichen Disco und sind in dasselbe Auto gestiegen. Der Fahrer war ein Fahranfänger, der sich überschätzt hatte. Ein Albtraum.

Meine Mutter stellt seit Jahren auch den Eltern des tödlich verunglückten Mädchens etwas vor die Haustür. Nie wurde darüber geredet. Nicht am Gartenzaun, nicht sonst irgendwann. Meine Mutter war sich zwischendurch unsicher, ob die Familie das vielleicht unpassend fand. Aber sie blieb beständig und machte weiter. Jedes Jahr. Vor Kurzem hatte die Mutter des verstorbenen Mädchens Geburtstag. Auf der Feier waren neben der gesamten polnischen Verwandtschaft auch meine Eltern eingeladen. Als ein Toast nach dem anderen gegeben wurde, nahm das Geburtstagskind meine Mutter in den Arm und sagte laut unter Tränen: »Das ist die Frau, die unsere Tochter all die Jahre nicht vergessen hat.« Seitdem ist für meine Mutter klar, dass die Geste des »Nicht-Vergessens«, des gemeinsamen Gedenkens und Trauerns, nicht unpassend, sondern verbindend ist.

Ich denke, es gibt viele Menschen, die ihr Mitgefühl in die weite Welt hinaustragen wollen. Doch es braucht Mut, mit jemandem gemeinsam zu leiden, der neben einem wohnt. Das Leid zu sehen, das direkt vor der eigenen Haustür stattfindet, und sich nicht abzuwenden, keine Angst davor zu haben, dass dieses Leid des anderen einen selbst beeinflusst.

Es ist möglich, für jemanden da zu sein,
egal wie der eigene Alltag aussieht.

Sich zu sortieren, damit das Mitgefühl auch wirklich Unterstützung und nicht ein emotionales Knäuel wird, mit dem man den anderen fesselt statt hilft, das ist Barmherzigkeit. Zu handeln, wenn jemand Hilfe braucht, auch auf die Gefahr hin, abgewiesen zu werden. Und bei allem nicht zu vergessen, dass es nicht um mich geht, sondern um mein Gegenüber. Hierbei hilft eine große Portion Selbstlosigkeit.

Als Christin kann ich große Reden schwingen, wie wichtig Nächstenliebe ist, doch keins dieser Worte hätte einen Wert, wenn ich diese Annahme nicht praktisch in mein Leben einweben würde. Ich muss jeden Tag auf ein Neues verinnerlichen, dass Barmherzigkeit und Liebe mein Motor sein sollen, der meine Füße aus der Ummantelung der warmen Bettdecke zieht und auf den Holzboden stellt.
Um das zu können, lese ich in der Bibel, manchmal täglich, manchmal einmal die Woche. Nicht immer treffen mich die Worte mitten ins Herz und eröffnen mir, wie ich handeln soll. Doch das Lesen hilft mir zu verstehen, wie Barmherzigkeit funktioniert. Ich verinnerliche, wie ich mit jemandem mitleiden kann, ohne in völliger Trauer zu versinken. Gelebte Barmherzigkeit bedeutet, sich zu öffnen und bereit zu sein, weich zu werden, um sich in einen anderen Menschen hineinversetzten zu können. Dieses Öffnen lässt mich empfangen.
Die Nachbarn meiner Eltern sind schon lange nicht mehr nur Nachbarn, sondern gute Freunde. Das Leid hat sie verbunden. Es reicht schon, aufmerksam für das Leben unserer direkten Mitmenschen zu sein, um gelebte Barmherzigkeit ins Rollen zu bringen.

Es ist nicht möglich, jemandem den Schmerz über den Tod eines geliebten Menschen zu nehmen. Aber möglich ist, an der Seite eines Trauernden zu sein, mal leise, mal laut; die Hand zu halten, Taschentücher zu geben und warme Suppe auf einen Teller zu tun und rüberzureichen. Es ist möglich, für jemanden da zu sein, egal wie der eigene Alltag aussieht.

Überwindbarer Generations- konflikt

Unsere 75-jährige Nachbarin hat unseren 6-jährigen Sohn eingeseift. Das war kein Spiel, kein Spaß.

Er bewarf sie im Übermut mit Schnee, sie wollte das nicht, er verstand es nicht. Sie drohte dann, ihn einzuseifen. Dann packte sie ihn. Er weinte und sagte: »Ich mag dieses Einseifen nicht.« Sie machte weiter.

Als er tränenüberströmt vor unserer Tür stand, war ich entsetzt über seinen Bericht. Unser Sohn schämte sich und hielt die Ohren zu, als ich ihm sagte, dass das nicht okay war, was sie gemacht hat. Er stand da mit glühenden Wangen und roten Augen, den Kopf gesenkt.

Sofort schnallte ich meine Hörner an und wollte losgaloppieren und wurde dann von einem wichtigen Termin ausgebremst, den ich wahrnehmen musste. Also Hörner wieder zurück in die Schublade.

Nach dem Erwachen am nächsten Tag war klar, dass ich mit unserer Nachbarin reden musste.

So klingelte ich bei ihr, erklärte ihr die Situation, machte ihr klar, dass ihr Verhalten übergriffig war. Auch wenn ich durchaus ihrer Meinung bin, dass ihre Grenzen eingehalten werden müssen. Aber dann bitte über uns Eltern. Sie ging in Abwehrhaltung, wurde hitzig und knickte plötzlich ein. Sie wollte unserem Jungen keine Angst machen, sie hätte ihn doch noch nicht einmal geschlagen. Und einen kurzen Moment lang waren ihre Augen voller Schmerz. Nun stand sie mit gesenktem Kopf da.

Jennifer Zimmermann schreibt: »Ich will kein Mensch werden, in dessen Stimme auch Jahre später noch die Wut vibriert, der nur noch Konsequenzen kennt und keine Gnade. In meinen Albträumen schimpfen noch meine Urenkel über mich, den Drachen.« Weiter vorne im selben Buch heißt es: »Ich harre aus. Ich stehe morgens auf und stecke all die Liebe, zu der ich fähig bin, in meinem Mann und meinen Kinder, ich biete dem Tag die Stirn, der Angst und dem Schmerz. Ich gehe so ruhig, wie ich kann, auch wenn die Katastrophe in meinem Nacken summt. Das ist Arbeit genug für heute.«

Unsere Nachbarin hatte verstanden. Ich schaute sie an, meine Wut war weg. Sie versicherte, dass sie das in Ordnung brächte, sie wollte nicht, dass unser Sohn sich vor ihr fürchtete, und in ihrer Stimme hörte ich, dass sie hoffte, dass es dafür noch nicht zu spät sei. Und während ich mich verabschiedete, erzählte sie mir von ihren Augen, die seit Wochen tränten, weil sie dort eine Entzündung hätte.

Ich nickte, lächelte, drehte mich um und dachte, dass ich kurz ihr weiches Herz gesehen habe, es war schmutzig und völlig eingegraben. Ich kann nur erahnen, was es durchgemacht hat. Keine Entschuldigung für ihr Verhalten, aber eine Einladung gnädig zu sein, zu vergeben und den Blick auf Versöhnung zu richten. Missgunst, Gram, sie sind so einladend in der Verletzung. Doch sie führen zu nichts außer zu noch mehr Wut. So will ich nicht leben.

Eine Woche später klingelte es an unserer Haustür. Es war unsere Nachbarin, in der Hand hielt sie zwei selbstgestrickte Mützen für die beiden Jungs. Ein Versuch der Versöhnung. Auf der Türschwelle kommen wir ins Gespräch. Sie erzählt mir, dass sie eins von acht Kindern ist, dass es zu Hause wenig Platz zum Spielen und noch weniger

Raum für Entfaltung gab. An allen Ecken und Enden fehlte es. Sie erzählte weiter, dass ihre Mutter früh gestorben ist und dass sie die meiste Zeit ihres Lebens hinter einer Mauer gelebt hat, hier im Osten. Dass es auch dort wenig Raum zur Entfaltung gab. Sie zuckte mit den Schultern, als wollte sie sagen, so ist das Leben halt. Bevor ich reagieren konnte, befand sie sich schon auf dem Rückzug. Sie hätte noch zu tun, sagte sie, und verschwand um die Ecke.

Ich schloss die Tür und musste an die Schriftstellerin Helga Schubert denken. Diese ist vor Kurzem mit achtzig Jahren Bachmannpreisträgerin geworden. Vor vierzig Jahren war sie schon einmal nominiert, da hat sie die DDR nicht ausreisen lassen. Nun darf sie den Preis im hohen Alter doch noch in den Händen halten.
In dem Text, mit dem sie den Preis gewonnen hat, geht es um ihre Mutter, und man kann es eine Art Versöhnung mit all den Dingen nennen, die ihr während ihrer Kindheit widerfahren sind. Ihr Vater wollte sie nicht, ihre Mutter war enttäuscht darüber, dass sie ein Mädchen geworden ist. Als Helga Schubert zwei Jahre alt ist, stirbt ihr Vater. Die von Krieg und Flucht geprägte Mutter ist wütend, lässt diese Wut an ihrer Tochter aus. Mit Worten und Taten verletzt sie sie, dann schafft sie wieder liebevolle Rituale der Verbundenheit. Aber auch immer wieder Worte einer Mutter, die ein Kind im Inneren stark erschüttern. Und dennoch beendet Helga Schubert ihren Text mit einem aufrichtigen »Alles gut.«
In den folgenden Interviews nach der Preisübergabe wird immer wieder deutlich, dass sie davon überzeugt ist, dass nicht alles gut sein muss, um gut zu sein. Sie wirkt ruhend, ja, nahezu versöhnt mit dem Leben, das ihr zugeteilt wurde.
Sie berichtet von einer Nähe zu Gott. Ohne christlich aufgewachsen zu sein, ohne regelmäßige Besuche eines Gottesdienstes, nur mit Heiden in ihrer Familie hätte Gott schon seit ihrer frühsten Kindheit eine Rolle in ihrem Leben gespielt. Dabei ging es immer um einen liebenden Gott. Nie hat sie Angst vor ihm gehabt. Sie hat immer daran

geglaubt, dass Gott einen begleitet, bei all den Verletzungen, die ihr zugefügt wurden. Sie sagt, dass ihr Glaube eine Gabe, ein Geschenk sei, auf das sie aufgepasst hat. Eine Möglichkeit, abzugeben und zu vertrauen. Und dennoch hat sie sich immer für ihr Leben und ihr Handeln, ihr Verhalten gegenüber anderen Menschen verantwortlich gefühlt.

Ich finde mich in all dem Gesagten wieder. Die Vorstellung von einem liebenden Gott, der beständig ist, der bleibt, der mir hilft, durch mein Leben zu gehen. Und ebenso bin ich überzeugt davon, dass Glaube nicht vor Dummheit schützt und ich immer wieder neu entscheiden muss, wer ich sein möchte. Dass ich immer wieder prüfen muss, wo ich stehe, wozu ich stehe, zu wem ich stehe.

Die Weisheit liegt darin, zu sehen, was durch mich verändert werden kann und was vergebene Mühe ist. Wie ein schöner Garten braucht auch dieses Wachstum Zeit, Geduld, Pflege, hin und wieder Veränderung, Befreiung von Überflüssigem, Pflanzen von Schönem. Sich erlauben, sich zu versöhnen.

Während ich noch gedankenverloren im Flur stehe, kommt der Sechsjährige die Treppe herunter. Ich nehme ihn in den Arm. Erkläre, dass unsere Nachbarin dem Anschein nach früher selbst oft eingeseift wurde. Es ist nicht okay, dass sie das nun, wo sie erwachsen ist, auch bei dir gemacht hat. Doch sie hat mehrmals gesagt, dass es ihr leid tut, und nun ist es unsere Aufgabe, ihre Entschuldigung anzunehmen. Meinst du, dass könntest du tun? Unser Sohn löste sich aus meiner Umarmung, nickte tonlos, zog sich den Schneeanzug an, sprang in die Stiefel und war schon fast draußen im Schnee, als er mir mit einem Lächeln seine neue Mütze aus der Hand nahm. Ich bin mir sicher, dass wir gerade alle befüllt wurden, dass dort, an unserer Haustür, durch Einsicht und Vergebung, durch die Aufgabe unserer Vorteile eine Tiefe stattgefunden hat, nach der sich der Mensch sehnt und die ihn lebendig macht.

Sinnhaftigkeiten

Noch nie habe ich mich gefragt, ob mein Leben Sinn ergibt. Das hat etwas mit meinem Glauben zu tun. Er hilft mir zu sehen, was war, was ist, was kommen mag.

Ich bin froh, dass es für mich einen Gott geben kann. Denn wenn da jemand ist, dann kann ich auch auf jemanden wütend sein. Vor nicht allzu langer Zeit schrieb ich die Zeilen: »Gott, ich bin wütend auf dich. Nur damit du es weißt.«

Zuvor hatte ich schluchzend auf dem Küchenboden gelegen. Zuviel regnete auf mich nieder und ließ meine Pläne durchweichen, bis sie in der Mitte durchrissen. Ich war diesen Moment so leid.

»Gott, wie hast du dir das gedacht mit der Erziehung? Wieso ist ständig alles durchweicht, ohne Stabilität? Dabei haue ich doch fleißig Pfähle in den Acker. Schau dir meine Blasen an den Händen an! Die tun weh.

Hast du dir den Satz mit ›Genieß die Zeit, wenn sie noch klein sind!‹ ausgedacht?

Kicherst du gerade?

Das ist ein Hohn. Ich habe mir das jetzt mal von allen Seiten angesehen. ES. IST. ZU. VIEL.

Es funktioniert nicht. Ebenso wenig wie der Satz ›Du musst dich auch um dich kümmern.‹ Wie denn?!

Was? Indem ich die Falte zwischen meinen Augen massiere? Was soll denn das jetzt schon wieder? Na gut, ich versuche es. Okay. Fühlt sich nicht schlecht an.«

Jetzt, wo die Falte weicher wird, merke ich, dass es gar nicht die Wut ist, die durch meinen Körper fließt, sondern Scham. Ich schäme mich. »Menschenskind, Gott, du lässt echt nicht locker. Du willst wissen, warum ich mich schäme? Na gut. Weil ich ständig überfordert bin. Weil ich lieber schreie, als zu ersticken. Weil ich mich seit Jahren gebrechlich fühle. Weil ich es besser wissen müsste, aber ständig im gleichen Mühlrad festhänge. Weil ich bei anderen die Schuld suche. Weil ich verflixt noch mal privilegiert bin und dennoch ausgebrannt. Zufrieden?«

Das hat Mut gekostet. Ich fühle mich erschöpft und stelle zeitgleich fest, wie gut es tut, ehrlich zu sein. Zu mir. Zu Gott.

Diese Zerbrochenheit, sie muss nicht im Dunkeln bleiben, dort, wo sie passiert. Ich darf hinaustreten ins Licht; reden, weinen, stampfen. Ich darf schwach sein, weil ich in meiner Schwachheit Gott ganz nah sein kann.

Ich darf hinaustreten ins Licht; reden, weinen, stampfen. Ich darf schwach sein, weil ich in meiner Schwachheit Gott ganz nah sein kann.

ganz nah sein kann. Weil Gott mir in meiner Schwachheit seine Kraft schenken möchte, eine Kraft, die glanzvoll und edel daherkommt.

»Ist das mit ›Kümmere dich um dich selbst‹ gemeint, Gott?«
Er lächelt.

Mein Bergdoktor

Hier ist der Wahnsinn zu Besuch. Erst vor Kurzem habe ich gelernt, dass man in der Jugendsprache dazu sagt: »Bei euch ist es völlig geistig!«, im Sinne von verrückt.

Das ist es. Die ganze Zeit.

Unser Neunjähriger meinte letztens zu einer Schulaufgabe: »Mama, es ist Kacke, ja schon fast Scheiße!« Sprich es ruhig aus mein Sohn, es ist Scheiße!

Vera Schroeder schreibt in ihrem Buch über Ideen für einen entspannten Familienalltag über die CYL-Methode (Complicate your Life) eines Kollegen, der sieben Kinder hat:

»CYL ist die nur halb ernst und gleichzeitig todernst gemeinte Idee, das Glück nicht dort zu suchen, wo alle behaupten, dass es da sei: in der Entspannung, der Balance, Ruhe und Mäßigung, sondern sich darauf einzulassen, es womöglich genau im Gegenteil zu finden: im Chaos, Wahnsinn, Übermaß, in der vollkommenden Nicht-Kontrolle. Mit der Suche im Gegenteil reduziert man ganz automatisch seine Erwartungen.«

Da meine Erwartungen oftmals die Bremse auf dem Weg der Entspannung sind, sollte die also ganz am Boden liegen, neben mir, verstehe. Eigentlich ist CYL nichts anderes als das Schöne im Hässlichen zu suchen. Es sich auf dem Boden im Schneidersitz so bequem zu machen, wie es geht, und anzunehmen, dass nicht auf ein Später gewartet werden muss.

Ein weiterer Schritt ist es, sich dem Chaos immer mal wieder zu entziehen, ohne es vorher behoben zu haben.

Seit einiger Zeit verkrümle ich mich regelmäßig ins Schlafzimmer, sobald mein Mann nach Hause kommt. Die Tür ist alt und klemmt, kaum aufzukriegen von außen. Da setze ich mir Kopfhörer auf, lege mir den Laptop auf den Schoß und schaue, ich wage es kaum auszusprechen, »Das Traumschiff« oder seit Neustem »Der Bergdoktor«. Nicht weil ich finde, dass diese Formate besonders gut gemacht sind, sondern weil das Sendungen sind, die ich als Kind mit meiner Oma geschaut habe. Was auch immer mein Unterbewusstsein damit verbindet, es fühlt sich einfach durch und durch gut an. Das entspannt mich, völliges Abschalten, nicht belastend, dumm, vorhersehbar, klischeebesetzt, Happy End. Fertig.
Es hilft mir.

Jeder Mensch hat einen Bergdoktor, etwas, das sich einfach gut anfühlt. Eine Pause, eine Möglichkeit, um im Chaos zu entspannen. Um zu verstehen, dass es bei mir anscheint ZDF-Schnulzen sind, musste ich mir Zeit nehmen und mich ohne Umwege, ohne ein »Was wäre jetzt sinnvoll, nachhaltig oder fördernd« fragen: »Was entspannt mich?« Also wirklich, ohne großen Aufwand. Was brauche ich nach einem Tag voller Chaos? Für nichts sollte man sich bei dieser Frage schämen oder genieren.

Seit ich es mir gönne, mich regelmäßig zurückzuziehen, freue ich mich schon richtig auf das angenehme Kribbeln, das dann eintritt. Der Augenblick, wenn ich mir die Stöpsel ins Ohr mache und eine Außenwelt für mich nicht mehr existiert. Diese Art des Zurückziehens ist so wirksam wie eine Ganzkörpermassage. Nur billiger, und dass ich mich selbst massieren kann. Dann grüße ich meine Oma im Himmel und sehe sie vor mir, wie sie eine Schale Kartoffelchips auf dem weißen

Tischdeckchen platziert. Herrlich! Sich selbst helfen zu können, macht frei. Zu wissen, was man braucht, lässt einen das Chaos und die Unbeständigkeit eines Alltages mit kleinen Kindern aushalten; denn das Wissen ist da, nur noch wenige Stunden und dann darf ich mich aus der Verantwortung stehlen. Nur kurz, aber dafür heftig und herrlich.

Bier der Selbstliebe

»Woher soll ich wissen, was jetzt zu tun ist?«

In meinem Berufsleben stelle ich mir diese Frage selten, denn dort wurde ich gut ausgebildet.

In meinem Privatleben sieht es anders aus. Verrückterweise erwarten genau dort die Systeme um mich herum, dass ich wüsste, wie der nächste Schritt aussehen wird. Und das meine Mithilfe eine Selbstverständlichkeit ist.

Dieses Spiel spiele ich nun seit Jahren mit, nämlich seit unser ältester Sohn in die Krippe kam, und merke, wie ich es leid bin. Unser Sohn hält den Stift falsch? Dann bringen Sie es ihm bei. Wenn die Mathelehrerin den Zahlenraum 1–100 durchnimmt, dann soll sie bitte all ihre Perlen und Büroklammern für die visuelle Ansicht selbst zusammensuchen, das ist nicht mein Job (schon gar nicht abends, nachdem dem einem das Glas umkippt, dem anderen das Essen nicht schmeckt und der dritte gerade in seiner Lache Pipi ausgerutscht ist).

Unser Sohn wirkt auf Sie »störrisch«, liebe Sprechstundenhilfe, die ich nicht nach Ihrer Meinung gefragt habe? Dann bin ich gespannt, welcher Punkt ihres Monologes für mich hilfreich sein könnte. Ach keiner, dann wäre es toll, wenn Sie ihre subjektive Einschätzung für sich behielten.

Das Unkraut auf unserem Grundstück wächst zu Ihrem rüber. Und jetzt? Ich weiß es nicht! Denn ich bin keine Botanikerin, Lehrerin, Ärztin und so weiter und so fort. Ich würde mich sogar strafbar machen, wenn ich morgen in die Welt hinausginge und diese Berufe ausüben würde.

Also mache ich das, worin ich einen Abschluss habe und wofür ich bezahlt werde. Und dann bin ich noch Mutter, und dass ich in dieser Rolle häufig nicht weiß, was zu tun ist, reicht mir als Überforderung. Wie wäre es, wenn die Systeme um mich herum mir helfen würden? Denn Ihr Aufgabenbereich wird vergütet. Mein »Perlenabzählen in der Pipilache« nicht. Das wird lediglich müde belächelt. Diese tägliche Erwartungshaltung irritiert und erinnert mich an einen Sketch von Loriot, in dem ihn ein Kellner in einem Restaurant die ganze Zeit icht bedient und er ihn am Schluss, als dieser endlich an den Tisch kommt, ironisch fragt: »Herr Ober, kann ich Ihnen vielleicht noch etwas bringen?«

Auf der nächsten Versammlung, auf der ich in der Rolle als Mutter lande, mache ich ein Bier auf, um zu zeigen, dass ich privat auftrete und nun Schluss damit ist, dass meine Mutterrolle als Freizeitvergnügen angesehen, aber gleichzeitig von mir erwartet wird, dass ich stets und ständig wie ein niemals müdes hochprofessionelles Lexikon auftreten soll.
Ich werde einen großen Schluck nehmen und feststellen, dass das Bier, das ich gerade trinke, »Selbstliebe« heißt.

Bibliotheks-frieden

In unserer Bibliothek arbeitet eine Frau. Sie hat rote Haare und ist unglaublich nett.

Sie nimmt mir oftmals schon im Eingang den schweren Beutel voller Bücher ab, damit ich unseren Babyjungen besser festhalten kann, um mit den Großen nach Büchern zu schauen. Eine Geste, die mich jedes Mal ganz tief im Herzen rührt, in meinem Alltag, in dem mir selten etwas abgenommen, sondern von mir erwartet wird, dass ich mit meiner Horde Kinder endlich Platz mache und mich unauffällig verhalte. In der Zeit, in der unser Sohn gerade mit der Chemotherapie fertig war und ich nicht gut schlafen konnte und viel weinen musste, weil auf einmal der Ausnahmezustand hinter uns lag, aber mein Körper und Geist sich dazu entschieden hatten, jetzt den Schmerz in ihrer Gänze spüren zu dürfen, bin ich in die Bibliothek gegangen. Morgens. Allein. Da saß ich ganz hinten in der Ecke. Mit angezogenen Beinen und einem Buch in der Hand. Nichts außer das Ticken der großen Uhr an der Wand.

Und dann kam die Frau mit den roten Haaren, ganz leise, ohne Worte, hat mich angelächelt und mir Tee gebracht.

Vielleicht war ich wegen ihr hier. Weil sie so gut zu mir war. Einfach so. Ohne etwas zu erwarten. Ohne zu verlangen, dass ich weitermache, als sei nichts gewesen.

Und dann kam Corona. Und sie war weg.

Wir kamen immer noch regelmäßig; schnell rein, Maske auf, Taschen voller Bücher, wieder raus. Damit die Nächsten rein konnten.

Nach vier Wochen fragte ich ihre Kolleginnen. Sie antworteten ausweichend: »Frau K. kommt nun erst einmal nicht mehr!« Enttäuscht blickte ich zu Boden, fragte mich, ob es Frau K. gut geht. Ob es in ihrem Alltag vielleicht auch stürmt. Aufgrund der Coronamaßnahmen ist die Bibliothek geschlossen, jedoch gibt es den Service, dass Bücher über Mail bestellt werden und im Foyer abgeholt werden können.

Ich hole die Jungs von der Schule ab. Der Babyjunge ist unzufrieden, die andern haben Hunger. Schnell springe ich aus dem Auto, jogge zum Eingang der Bibliothek, komme atemlos im Foyer an. Da sehe ich sie im Augenwinkel, ich gehe zur Scheibe und muss sofort lächeln. Da sitzt sie wieder, an ihrem Schreibtisch, als wäre sie nie weggewesen. Ich fange an zu winken wie ein kleines Kind. Sie schaut hoch und lächelt. Mir wird leicht ums Herz. Ich greife die bereitgestellten Büchertaschen und mir fällt keine andere Geste als »Daumen hoch« ein, um ihr meine Zuneigung auszudrücken. Und schon bin ich wieder raus aus der Tür.

Ob sie weiß, wie gut sie mir tut?

Das Innere

»Es zählen deine inneren Werte!«

Ein Satz, der mir schon in der frühsten Kindheit begegnet ist. Doch was ist, wenn die Hässlichkeit nicht außen sitzt, sondern innen? Ich kann meiner Seele nicht einen Hauch von Rouge auf die Wangen pinseln und meinen, nun sei sie schön.

»Liebe deinen Nächsten wie dich selbst.« Das klingt einfach. Wenn man sich allerdings selbst nicht mag, mag man meistens sein Gegenüber auch nicht. Man könnte denken, wenn ich mich sehr anstrenge, sodass mein Gegenüber mich gut findet, dann mag ich mich am Ende vielleicht sogar selbst. Guten Morgen, Selbstbetrug. Durch Anstrengung geliebt zu werden, heißt früher oder später richtig mies aufzuschlagen. Nämlich spätestens dann, wenn das wahre Ich anklopft.

»Machst du mal auf?«, rufe ich dem Zynismus zu, der neben Selbstmitleid und Schokolade bei mir eingezogen ist.

Und dann steht auf einmal mein wahres Ich mitten im Zimmer. Ich frage, was es will, und schiebe es mit dem Fuß vor dem Laptop weg. Es antwortet leise, dass es gerade bei meiner Freundin gewesen ist. »Und?«, frage ich genervt. Das Ich antwortet leise: »Deine Freundin, sie mag mich. Sehr sogar. Sie sagt, dass man mit mir am besten auf der Bordsteinkante sitzen, Bier trinken und reden kann. Und dass sie mich gern tanzen sieht und mich vermisst!« Das Ich schaut zu Boden.

Ich richte mich auf. »Sie vermisst dich?«

Ich klappe den Laptop langsam zu, schaue auf meinen Brustkorb, da, wo ich Seele und Charakter vermute. »Ich kümmere mich jetzt um euch!« Mit lautem Getöse schmeiße ich den Zynismus und das Selbstmitleid raus, die Schokolade darf noch einen Moment bleiben. Sicher ist sicher.

Ich muss mich dazu entscheiden, mich selbst zu lieben. Jeden Morgen. Mir die Hand auf die Schulter zu legen, um mir zu versichern: Heute will ich bewusst mit dir durch den Tag gehen. Du bist gut! Ich schmeiße alle Listen weg, um nicht gleich an meinem Anspruch zu scheitern. Setze mir die Brille auf, durch die mich meine Freundin sieht, und nehme mein wahres Ich an die Hand. Die Tür fällt leise ins Schloss.

Es ist gut, dass da jemand ist, der mich liebt. Der mir seine Zuneigung ohne Scheu zeigen kann. Ich bin dankbar darüber, denn das hat mir oftmals geholfen, barmherzig mit mir zu sein. Meine Verletzlichkeit und Schwachheit auszuhalten und zu verstehen, dass diese Eigenschaften durchaus neben »stark« und »witzig« stehen können. Ich bin ein Stückchen von alledem.

Doch nicht immer gibt es einen Menschen, der mich daran erinnert. Dann stehe ich da mit dem Drang, gemocht zu werden, mit dem Bedürfnis, dass es Anerkennung auf mich regnen soll. Ich fange an mich zu verdrehen, mache die seltsamsten Verrenkungen, alles schreit: »Nimm mich wahr, sieh mich, habe mich gern.«

Sollten diese Bedürfnisse befriedigt werden, ist der Hunger leider immer noch nicht gestillt. Ich hinterfrage, ob es mein Gegenüber ernst meint, ob er sich morgen noch an die Nettigkeiten erinnert, daran, was heute ausgesprochen wurde. Eine Frage wird dabei immer lauter: Werde ich wirklich geliebt?

Die Verwundbarkeit des Menschen macht ihn bedürftig. Der Mensch fühlt sich nicht anerkannt, über ihm schwebt ständig das Gefühl, nicht dazuzugehören. Diese Angst lässt ihn zweifeln. Egal, wie viel Zuspruch es in der Vergangenheit gab, der Zweifel an der eigenen Person steckt tief in uns. »Bin ich gut in meinem Job, erfülle ich alle Ansprüche? Könnte ich noch mehr geben?«, »Bin ich eine gute Mutter/ ein guter Vater, befriedige ich die Bedürfnisse meiner Kinder, bin ich genug für sie da?«, »Bin ich eine gute Freundin, werde ich gemocht?«, »Bin ich stark und taff, und wird das reichen für die Herausforderungen in meinem Leben, werde ich das schaffen?« All diese Fragen kreisen unaufhörlich in den Köpfen von uns Menschen und lassen die Frage im Raum stehen, ob wir genug sind. Diese Frage macht unsicher und um nicht zu straucheln, wird ein dicker Panzer angelegt und schwere Geschosse aufgefahren, um beim Angriff zurückschießen zu können. Die Wut über Mitmenschen, mit denen wir oftmals unfreiwillig einen Großteil des Alltags verbringen oder die unseren Weg kreuzen und deren Verhalten wir als unannehmbar empfinden, entpuppt sich abends beim Entkleiden als die Befürchtung, zurückgewiesen zu werden. Nackt steht die Bedrohung vor uns, allein und ungeliebt zu sein. Mit der Angst kommt die Unruhe, die wispert, dass wir Leistung bringen müssen, damit wir nicht übersehen werden und ungeliebt bleiben. Und wird diese selbst hochgelegte Messlatte nicht erreicht, sind wir sicher, dass wir nicht genügen, dass wir es nicht wert sind, Liebe zu empfangen. Auch als Erwachsene.

Angesichts des immer schneller drehenden Karussells in unseren Köpfen wird übersehen, dass es schon jemanden gibt, der uns liebt. Von Beginn an, beständig und leistungsunabhängig. Der Priester und Psychologe Henri J. M. Nouwen sagt in seinem Text »Bedürftig«: »Unsere Bedürfnisse können Wunden verursachen, denn wir zwingen Menschen, uns etwas zu geben, was sie gar nicht haben. Wir zwingen sie, für uns Gott zu sein. Aber wenn wir andere Menschen zu Gott machen, werden wir selbst zum Dämon. Das ist der Kern des Problems: Bedürfnisse reißen Wunden, Wunden wecken weitere Bedürfnisse und so geht das endlos weiter. Und am Ende entdecken wir, dass unsere eigenen Wunden von jemandem stammen, der uns verletzt hat, weil er selbst so bedürftig war.«

Wie in einem nicht enden wollenden Kampf verletzen wir und werden verletzt. Am kräftezehrendsten ist dabei die Erkenntnis, dass es überwiegend Menschen sind, die wir von Herzen gernhaben, die uns mit voller Wucht treffen oder von uns getroffen werden. Da liegt er, vor unseren Füßen, ein fester Knoten aus Bedürfnissen, Wut, Enttäuschung und unerfüllter Liebe.

Nicht zu wissen, ob ich geliebt werde, macht mich verletzlich, mein Gang wird unsicher. Mein Blick auf den Asphalt gerichtet, schlurfe ich durch den Tag, bis ich gegen jemanden stoße. »Sorry!«, flüstere ich und will weiter, als ich merke, dass mich mein Gegenüber sanft zurückhält. Ich setze an, um mich zu beschweren und aus dem Griff zu wenden, da sehe ich, dass es Jesus ist, der mich am Anorak hält. Alte Scheiße, ist das Erste, was ich denke. Äh sorry, entschuldige ich mich stumm, überzeugt davon, dass Jesus meine Gedanken lesen kann. Ich will gerade etwas sagen, doch Jesus ist schneller. Er kommt gleich zum Punkt: »Wie kannst du dich so ungeliebt fühlen?«, platzt es aus ihm heraus. »Ich habe dir nie Anlass zu Zweifeln gegeben, ob ich dich lieben würde. Im Gegenteil, immer und immer wieder habe ich beteuert, dass ich dich schon geliebt habe, bevor du geboren wurdest. Egal, was dein Umfeld, dein Mann, deine Kinder, deine Eltern sagen. Egal wie die Gesellschaft zu dir steht. Ich liebe dich!«

Mein Mund steht offen, ich traue mich nicht, mich zu bewegen, so sehr beeindruckt mich sein Liebesausbruch.
Jesus hat nun richtig Fahrt aufgenommen, wild gestikuliert er: »Schau dich an!«
Unsicher schaue ich mir auf die Hände, drehe sie hin und her, weiß nicht, ob er das gemeint hat. »Nichts an dir lehne ich ab, du bist perfekt. Wieso vertraust du dieser Liebe nicht? Meine Liebe für dich ist

vollkommen, da gibt es keine Erwartungen oder Spielereien. Erlaube dir, sie zu spüren, damit es dir gut geht und du deine innere Zufriedenheit an anderer weitergeben kannst. Mach dir das Leben nicht so schwer. Du musst nicht immer kämpfen, du darfst gerne auch flanieren!«

Nun kann ich meine Tränen nicht zurückhalten, ich lasse sie fließen, frage mich, warum sich das Leben häufig so unerbittlich anfühlen muss. Dort stehend, weiß ich es nicht mehr. Wie kann sich etwas schlecht anfühlen bei so viel zugesicherter Zuneigung und Anerkennung?

Ich ahne, dass es mit der Erwartung zusammenhängt, dass ich mir etwas verdient habe, dass ich, wenn ich etwas gebe auf dieser Welt, auch etwas bekommen möchte. Dass es mir zusteht. Und wenn das ausbleibt, steigt Wut in mir hoch. Ich werde gemein, Vergeltungsgedanken machen sich in meinem Kopf breit, mit ihrem dicken Hintern setzen sie sich auf die Region des logischen Denkens und drücken ihm die Luft ab.

Ich schaue von meinen Händen auf. »Jesus, fange ich zögernd an, wie steige ich aus, aus dem Karussell, dass sich nicht aufhören will zu drehen?«
»Falte deine Hände und bete!«, ist seine Antwort.
Meint er das ernst? So einfach soll es sein, sich geliebt zu fühlen, unabhängig von der Meinung der anderen? Mein Herz einfach so randvoll mit Liebe zu bekommen, ohne dass die Welt, die für mich so viel realistischer ist als der Himmel, einen Beitrag dazu geleistet hat?

Jesus schaut so erwartungsvoll, dass ich umgehend meine Hände falte. Er bittet mich ihm nachzusprechen und fängt an zu beten:
»Ich bitte darum, dass ich mein Herz öffnen kann, damit die Liebe Gottes hineinfließt.

Ich bitte um das Bewusstsein, dass mein ganzes Wesen ohne Erwartungen geliebt wird.

Ich bitte darum, dass ich durch diese Liebe weniger bedürftig werde, um nicht in die Versuchung zu geraten, die Menschen um mich herum bewusst zu verletzen. Lass mich frei werden durch eine himmlische Liebe, damit ich mich frei mache davon, zu geben, um zu bekommen. Ich bitte darum, dass ich die Welt nicht in Gut und Böse aufteile, denn ich bin nicht, was Menschen zu mir sagen oder Menschen mir antun. Vielmehr möchte ich mich dafür öffnen, was die Liebe Gottes mit mir macht, ich möchte mich von dem Gedankenkarussell befreien und mich nicht von meiner beschränkten irdischen Liebe leiten lassen. Das Leben ist ein Kampf, doch ich bitte darum, nicht zu vergessen, dass dieser Kampf kein einsamer ist, sondern dass immer und zu jeder Zeit die personifizierte Liebe Gottes hinter mir steht.

Amen.«

Ich öffne die Augen, das war ein heftiges Gebet, benommen versuche ich mich zu sortieren. In meinem Herz spüre ich bereits jetzt schon eine Wärme, die sich den Weg in meinen Kopf bahnt und die Vergeltung schmelzen lässt. In Form warmer Tränen tropft sie aus meinen Augen, um unmittelbar zu verdampfen. Jesus lächelt, als würde er fragen wollen: »Alles in Ordnung?«

Ja, für diesen Moment schon, ich habe es verstanden, meine Identität ist nicht abhängig von der Zuneigung der Menschen auf dieser Erde. Könntest du mir dennoch, um die Entzugserscheinungen gering zu halten, hin und wieder meine Freundin vorbeischicken?

Er lächelt, ich meine ein Nicken zu erkennen. Er lächelt immer noch, als er sich langsam von mir abwendet und in den Straßen meines Alltags verschwindet.

Müßiggang

Seit der Krebsdiagnose von Philli arbeite ich nicht mehr in meinem Beruf als Sozialpädagogin und Beraterin. Ich habe an einem Mittwoch meinen Schreibtisch voller Klientenakten und in der Annahme verlassen, ich würde am nächsten Tag weiterarbeiten, um erst nach vier Wochen mein Büro wieder zu betreten, und das auch nur, um meine Schublade zu leeren, eine Übergabe zu machen und meinen Kollegen auf Wiedersehen zu sagen. Das Wissen, dass unser Ausnahmezustand so groß ist, dass ich nicht wiederkehren würde, war sehr schwer.

Ich habe mich nie über meine Arbeit definiert und doch war sie ein großer Teil meines Alltags. Nun war es meine neue Aufgabe, unseren Sohn zu pflegen; in die Klinik zu fahren, Wunden zu versorgen, nachts Wache zu halten, von heute auf morgen in eine medizinische Welt einzutauchen, von der ich keine Ahnung hatte.

Zwischendurch hat es mich immer wieder durchzuckt: Meine Arbeit fehlt mir. So langsam könnte ich mir wieder Gedanken machen, wo ich gebraucht werden könnte. Was mich bis jetzt davon abgehalten hat, sind die Müßiggangtage.

Tage, an denen ich meine Füße hinter mir herziehe. Sie sind wundervoll, diese Tage voller scheinbar nutzloser Dinge. Fast alles an diesen Tagen scheint entbehrlich, nur der Tag selbst nicht.

Diese Tage zeigen mir, dass ich mir nichts verdienen muss. Wollen mich daran erinnern, dass ich jemand bin, auch ohne Energie und Tatendrang, dass es gut ist, sich zwischendurch selbst auszuhalten. Sie zeigen mir, dass es völlig ausreichend ist, Dinge zu tun, die dran sind, ohne dabei die Welt zu bewegen.

Spontane Momente des Müßiggangs; ein kleines Mittagsschläfchen, im Kinderzimmer versacken, aus dem Fenster gucken, entscheiden, dass heute alles später gemacht wird, und die Kinder weiter draußen spielen lassen.

Diese Tage helfen mir, die anderen, vollen, anstrengenden in ein anderes Licht zu rücken. Ohne dass ich es merke, ganz leise, entstehen an diesen Tagen immer Mal wieder meine Ideen. Meine Kreativität ist in den Fluss gekommen. Zudem lassen mich diese Tage merken, wie gut es ist, an anderen Tagen etwas zu tun zu haben. Sie machen Lust darauf Ideen umzusetzen, an ihnen zu arbeiten. Mit Latzhose und Stahlkappenschuhen. Volle Montur, mit freudigem Einsatz. Doch wenn ich immer im Tun bin, kommt der Punkt, an dem ich müde und genervt alle Arbeiten verrichte, egal ob ich sie mag oder nicht. Alles nervt. Es braucht die Tagediebersi.

Heute findet ihr mich im Nieselregen am Gartenzaun in Plauderei über den Flieder vertieft. Es gibt keine Vorschriften, wie man richtig faulenzt. Tomas Sjödin sagt: »Geld kann man auch in voller Fahrt zählen. Aber das Lied der Vögel, ein Sonnenaufgang oder zwei ineinander gelegte Hände erreichen uns nur, wenn wir ruhig und ganz anwesend sind.« Müßiggangtage flüstern mir zu, dass ich noch ein paar von ihnen erleben muss, bevor ein neuer Abschnitt in meinem Leben losgeht. Und wenn etwas Neues in meinem Leben anfängt, soll ich nicht vergessen, sie zu besuchen. Ohne schöne Zwecklosigkeit keine große Planung, das wusste schon Bonhoeffer.

Wut und Barmherzigkeit

Es kribbelt in meinen Fingerspitzen, mein Herz schlägt schwer und schnell gegen meine Brust. Alle Wahnsignale leuchten. Nicht mehr lange und ich explodiere. Denn ich bin sehr wütend.

Ich erscheine nicht in meinem schönsten Kleid, wenn ich sauer bin, mag mich nach meinen Explosionen selbst nicht. Möchte doch so gern geduldig, gütig und dankbar sein. Doch in meinem Alltag mit drei kleinen Jungs ist die Geduld oft abwesend. Ich hatte es doch schon, das Gefühl, frei von Alltagssorgen zu sein, doch es scheint so, als hätte sich der Ausnahmezustand mit dem Alltagsstress die Klinke in die Hand gegeben. Die Todesangst ging, die Strapazen eines normalen Alltags einer Familie kamen.

Wut galt lange Zeit als Emotion der Schwachen. Vom römischen Philosophen Seneca wurde Wut sogar als »kurze Geisteskrankheit« bezeichnet.

Inzwischen ist bekannt: Verinnerlichter Zorn macht krank, die Wut muss raus, um die Männchen, die unsere Grenzen bewachen und bei Überschreitung heftig mit ihren Ärmchen wedeln, nicht zu übersehen. Jedoch will ich meiner Wut keine freie Fahrt gewähren. Auf der Such nach einem möglichen Weg, lande ich bei Ann Voskamp, die sagt, dass es einfach ist, barmherzig zu sein, wenn man entspannt unter einer schattenspendenden Eiche steht. Ganz anders sieht es aber aus, wenn der Rücken an die Wand gepresst wird.

»Jeder kann mitleidig genug sein, um etwas für die Armen zu spenden. Aber wer hat Mitleid mit dem eigenen Kind, das einem das Leben manchmal so schwer macht?«, schreibt sie in ihrem Buch »Durch deine Risse scheint mein Licht«.

Aus meinem Mund entweicht ein Seufzer. Ich bin erleichtert, dass meine Wut im Alltag keine Charakterschwäche ist, sondern ein Warnsignal, eine normale Schutzreaktion. Sofort fallen mir Momente ein, in denen ich viel lockerer auf Planänderungen, Herausforderungen und Stresssituationen reagiert habe. Nämlich dann, wenn die Umstände entspannter waren, weil ich die Verantwortung teilen konnte oder dank Ferien der ganze Druck rund um die Schule weggefallen ist. Es ist ein scheinbar nicht zu lösender Konflikt zwischen »das kann ich leisten« und »das muss ich leisten.«

Um auch ohne schattenspendende Eiche den hitzigen Alltag zu bewältigen, müssen sich Wut und Barmherzigkeit zusammentun. Dabei braucht es die Erkenntnis, dass es schon ein großer Schritt ist, der Welt in meinem eigenen Haus mit Barmherzigkeit zu begegnen. Am besten fange ich damit bei mir selbst an, damit die winkenden Männchen gesehen werden. Denn für sich zu sorgen ist erforderlich, wenn es gilt, für andere zu sorgen. Und sich selbst zu mögen, ist etwas anderes, als sich um sich selbst zu drehen.

Der erste Schritt dabei ist zu erkennen, dass es kein Fehler ist, wenn die eigene Stimme sich Raum verschafft, weil so darauf aufmerksam gemacht wird, dass die eigenen Grenzen erreicht sind. Bei jedem ist der Punkt der eigenen Grenze ein anderer, und das ist völlig in Ordnung. Es gibt kein schwächer oder stärker, wenn sich die Kehle zuschnürt, das Herz rast, die Handflächen feucht werden, ist der Augenblick gekommen,

Denn für sich zu sorgen ist erforderlich, wenn es gilt, für andere zu sorgen. Und sich selbst zu mögen, ist etwas anderes, als sich um sich selbst zu drehen.

in dem laut ausgesprochen wird, dass die eigene Grenze erreicht ist, unabhängig davon, ob der Partner, Freunde, die Kita-Mutter und so weiter über ähnliche Limits verfügen. Somit wird der eigene Geist beruhigt und der innere Frieden darf wieder einziehen, um die Herausforderungen, die es in jedem Leben gibt, bewältigen zu können, ohne dabei so starker Belastung ausgesetzt zu sein.

Wenn die eigenen Grenzwächter lange Zeit nichts zu melden hatten, weil die Möglichkeit nicht gegeben war, »Halt« zu schreien, hat das negative Auswirkungen. Die Gefahr eines Zusammenbruchs ist gegeben, denn einfach unter Hochdruck weiterzumachen, ohne Auswirkungen, die den eigenen Geist und Körper betreffen, das geht (zum Glück) nicht.

Oftmals kündigt sich das durch Überschreiten der eigenen Grenzen ausgelöste Debakel an. Das Aufstehen wird immer schwerer, weil der Körper weiß, dass heute wieder die eigenen Grenzen überrannt werden, schon bevor der Geist richtig wach ist. Darauf folgt der Punkt, an dem die gewohnte Geschwindigkeit nicht mehr zu halten ist und der Alltag mit der Handbremse angehalten werden muss. Eine angezogene Handbremse in einem Alltag, der einen Laufschritt voraussetzt, fühlt sich zunächst falsch an. Doch genau dieser Zwangsstillstand ist es, der einen Dinge hören lässt, die sonst im Getöse des Alltags untergegangen wären. Gedankenfetzen, die zu ganzen Sätzen werden. Eine Stimme, die durch den erzwungenen Ausstieg immer lauter werden darf. Sie fragt, was vom Leben erwartet wird. Was einem gut tut und was nicht. Wofür das kleine Häuflein Kraft benutzt wird und was gnadenlos aus dem Kopf fliegt, weil es nichts als Unruhe stiftet.

Die Pandemie hat vielen Menschen die Möglichkeit genommen, die eigenen Grenzen gut zu bewachen und somit für sich zu sorgen. Vor allem Eltern haben in den letzten Jahren einen schmerzhaften Spagat machen müssen zwischen der Betreuung der Kinder und der Arbeit, beziehungsweise den Anforderungen, die es sonst zu verrichten gibt, während die Kinder in der Schule oder Kita betreut wurden. Die Zeit für sich ist direkt hinten runtergefallen.

Auch ich sehe mich Tag für Tag mit einem wenige Monate alten Säugling auf dem Arm, gerade dem Wochenbett entstiegen, knietief mit dem Großen in Schulaufgaben versunken, während das Kindergartenkind unglücklich war, weil die Tage kaum mehr als Langeweile für es bereithielten. Ich sehe, wie ich mich in einem Alltag wiederfinde, indem ich mein helfendes Dorf von dem ein auf den anderen Tag nicht mehr sehen durfte. Die Nächte waren schlaflos, und es dauerte nicht lange, bis ich die Männchen an meiner Grenze hektisch winken sah. Weil ich sie ignorierte, setzten sie sich in mein Ohr, bis es laut piepte und in meinem Bauch, bis er nur noch wehtat.

Doch ich musste sie überrollen. Immer und immer wieder drüberfahren. Es gab keine Wahl. Alles wurde taub in mir und dennoch ging es im Galopp weiter. Essen kochen, aufräumen, abwaschen, in den Schlaf schaukeln, Streit schlichten, E-Mails lesen, Texte schreiben, Wäsche waschen, Klo putzen, Betten abziehen, die Hilfsarbeiterin der LehrerInnen sein, schnell in Unterrichtsthematiken einarbeiten, während der Babyjunge auf meinem Arm schrie. Im Hinterkopf immer der Gedanke, dass diesmal wenigstens niemand in unserer Familie an einer tödlichen Krankheit leidet. Aber irgendwann reichte auch dieser Gedanke nicht mehr, der herausfordernde Alltag wurde zur Bedrohung und der permanente Ausnahmezustand machte mich krank.

Mitten in dieser Zeit hatte der Jüngste, zu dem Zeitpunkt 19 Monate alt, eine U-Untersuchung bei unserem Kinderarzt und wir befanden uns in folgender Situation: Ich verschwitzt, mit wirrem Haar, glücklich darüber, die anderen beiden Jungs in guter Betreuung zu Hause lassen zu können und rechtzeitig erschienen zu sein. Die Sprechstundenhilfe wortkarg möchte sofort anfangen und den Kopfumfang messen. Unser Sohn will das nicht. Er schüttelt den Kopf und sagt nein. Sie beharrt nicht drauf, sagt, dass wir auch mit etwas anderem weiter machen können. Sie legt ihm ein Puzzle vor, er schüttelt wieder den Kopf, sie redet behutsam weiter, er nimmt das Puzzle und schmeißt es ihr entgegen, kooperiert gar nicht mehr. Die Sprechstundenhilfe ist überrascht, findet sein Verhalten schon arg und zeigt ihre Irritation darüber. Ich, weit entfernt von meiner an diesem Tag schon längst überschrittenen Grenze, erkläre, dass er ältere Brüder und schnell gelernt hat, klarzumachen, was er nicht will. Zudem hat er in seinem Leben selten Kontakt zu anderen Menschen als der Kernfamilie gehabt. Stay at home und so.

Sie fragt, ob ich denn mal mit ihm allein wäre. Mit ihm bewusst Zeit verbringe. Das würde er brauchen. In dem Moment weiß ich nicht, ob ich lachen, weinen oder schreien soll. Unser Sohn war wenige Monate alt, als der erste Lockdown kam. Ich fand es zu keinem Moment richtig, dass er nur nebenherlief. Dass er in das Konzept »Wir bleiben von heute auf morgen alle zu Hause« mit den Anforderungen, die damit auf mich zurollten, eigentlich nicht reinpasste. Es war von vornherein nicht machbar. Mein Mann hat getan, was er konnte, und dennoch benötigen wir sein Einkommen. Und so fand ich mich jeden Tag mit viel zu vielen Aufgaben, aber weiterhin nur mit zwei Armen wieder.

Die Kinderarztpraxis ist eine gute Praxis, ich weiß auch, dass die Sprechstundenhilfe es nicht so gemeint hat. Doch spiegelt mir diese Situation erschreckend deutlich wider, was unsere Gesellschaft von Familien hält. Was da Irres erwartet wird. Es ist noch nicht einmal vorbei, und es wird verlangt, dass die Vergangenheit keine Spuren hinterlassen hat, die Gegenwart davon nicht beeinflusst wurde und die Zukunft gefälligst ihr Leistungssoll zu erfüllen hat.

Ich merke, wie unglaublich müde ich bin und wie wenig Platz dafür in der Gesellschaft ist. Ich frage mich, wann der Punkt kommt, an dem das Tempo gedrosselt wird. Eigentlich kenne ich die Antwort, ich selbst muss auf die Bremse drücken, auch wenn ich dann normwidrig gelte und aus dem Sitz der Gesellschaft rutsche.

Es ist noch nicht einmal vorbei, und es wird verlangt,

dass die Vergangenheit keine Spuren hinterlassen hat,

die Gegenwart davon nicht beeinflusst wurde und die

Zukunft gefälligst ihr Leistungssoll zu erfüllen hat.

»Eine der besten Methoden, um sich das Leben zu erleichtern, hat mir ein Freund beigebracht, eine Frage, die zu meinem Mantra geworden ist: ›Wird es in einem Jahr noch wichtig sein?‹ Worüber ich mich gerade aufrege, womit ich mich herumschlage – werde ich mich in einem Jahr überhaupt noch daran erinnern? Es ist verblüffend, wie schnell sich die meisten Probleme in Luft auflösen, wenn man sie mithilfe dieser Frage abkühlt«, schreibt Meike Winnemuth.

Es gibt sie, diese großen Sorgen, die auch in einem Jahr noch aktuell sein werden. Eine gruselige Gewissheit steigt in mir auf, dass dieser zweite Ausnahmezustand, der kurz nach dem ersten über uns hereingebrochen ist, eine längere Angelegenheit wird. Dass hier aufrichten und den Kopf in die Sonne halten nicht reicht. Aber es gibt vor allem viele von diesen kleinen listigen Dingen, die schon morgen fast egal sein werden. Zu unterscheiden, was in welchen Topf gehört, welche Sorge groß werden und Raum einnehmen darf und welche mit einem müden Lächeln vom Finger geschnipst wird, ist ein nicht zu unterschätzender Teil der Selbstfürsorge.

Mein körperlicher Zustand wurde über Monate immer schlimmer und zwang mich, dass ich mir Zeit nehme, kleine hart erkämpfte Zeitfenster, in denen ich ordnete, was Tagessorgen sind und welche einen erdrückenden Einfluss auf mich haben und bearbeitet werden müssen. Ich redete mit ein paar wenigen Verbündeten, fragte sie nach ihrer Meinung, ohne von ihnen zu verlangen, dass sie eine Lösung für mich bereithielten. Ich blieb mit ihnen in einem regelmäßigen Austausch.

Ein Resultat aus diesem Austausch war, dass ich die Therapeutinnen, die uns während der Krebserkrankung von Philli begleitet hatten, wieder kontaktierte. Schon in den ersten Sitzungen kam heraus, dass bei mir ein Trauma auf das nächste gefolgt ist und dazwischen die Geburt unseres dritten Sohnes lag.

In den Sitzungen fing ich an, mich von meiner Schwachheit nicht abzuwenden, sondern sie als etwas Gutes zu betrachten. Ich sehe, wie sie um meine Ruhe kämpft. Dieser Kampf ist die größte Portion Selbstfürsorge, die ich in den letzten Jahren aktiviert habe. Das ist gut, auch wenn es sich in den ersten Wochen erst einmal schlecht anfühlte.

Ständig nach Hilfe fragen, wenig allein schaffend, völlig ausblendend, dass ich in den letzten Jahren unzählige Male Einzelkämpferin gewesen bin und das selten einen inneren Frieden gebracht hat.

Dieses Gefühl, nicht genug zu sein, hatte sich hartnäckig bei mir eingenistet. Ich bekam es auch nicht raus, als ich sah, wie viel besser der Alltag funktionierte, wenn die Aufgaben, Sorgen, Herausforderungen auf mehreren Schultern verteilt wurden.

Ich sah, wie meine Grenzwächter langsam aus dem Koma erwachten, wie glücklich ich mich schätzen konnte, sie mit meiner Ignoranz, angetrieben durch die fehlende Wahlmöglichkeit, nicht getötet zu haben. Ich brauchte Zeit, um zu merken, dass ich weder faul noch eine schlechte Mutter bin, wenn ich nicht jeden Tag von einem Termin zum anderen hetze und dabei Teller auf dünnen Stäben auf meiner Nase balanciere.

Ich bin keine Alleinunterhalterin, auch keine Wäschefrau oder Ärztin. Ich übernehme ein Stück von allem in meinem Alltag, doch ich will nicht mehr ertrinken. Im Flugzeug soll man erst sich die Maske aufsetzen, bevor man andere versorgt. Und so fing ich an, mich mit Sauerstoff zu versorgen.

Der Sauerstoff kam in Form eines jungen Mädchens, das für einen Nachmittag die Woche zum Babysitten kam und damit ein kleines bisschen den Alltag entzerrte. Ich holte mir Sauerstoff, indem ich, wenn die Jungs betreut wurden, hoch ins Schlafzimmer ging, um mit lauter Musik auf den Ohren in Ruhe Sport machen zu können. Manchmal lag ich auch nur auf der Matte und schaute an die Decke. Ich wollte wieder Luft in meinen Lungen haben, und das ging nur, wenn ich sie füllte. Ich ging zu keinem Elternabend und hielt aus, nicht alle Infos aus erster Hand zu bekommen. Noch mehr Sauerstoff. Ich wurde immer wieder laut, so lange bis meine Wut kleiner wurde. Bis zwischen Reiz und Reaktion wieder genügend Platz kam.

Ich schrieb Seite um Seite in meinem Tagebuch voll, fragte Gott, ob das Gefühl der Schwere niemals von meinem Herzen gehoben würde. Immer bewusst, dass ich der Ast bin und er die Wurzel ist. Diese Wurzeln sind es, die mich ernähren, die mich wachsen lassen (Römer 11,18).

Doch bin ich mir meiner Verantwortung mir selbst gegenüber auf dieser Erde bewusst. Es funktioniert nicht, betend die Hände in den Schoß zu legen. Die Basis ist Gott, ich darf abgeben und vertrauen, und ebenso muss ich mich mit Nahrung, Zeit und Ruhe, aber auch Reizen versorgen. Ich muss das Gespräch mit meinen Verbündeten suchen, wenn Veränderung nötig ist. Ich kann Gott bitten, mir ein weiches Herz zu geben und einen klaren Kopf, doch sprechen muss ich selbst. Den eigenen Zerbruch zu teilen ist schwer und dennoch notwendig, um die Risse zu kitten.

Und so teilte ich mich mit und schaute, welche Risse sofort repariert werden können und bei welchen es ein größerer Aufwand war. Ich hörte in mich hinein, um einzuschätzen, wann ich mir weiterhin Gehör verschaffe, und wann ich schwieg und tief durchatmete. Das war ein langer, schwerer Prozess, und ich kann bis jetzt nicht mehr an meine Grenze gehen. Vielleicht nehmen mir die Männchen es immer noch übel, wie ich sie behandelt habe. Vielleicht werde ich nie wieder vor Ort sein, dort an meiner Belastungsgrenze. Doch ist das ein Makel? Nein, denn nur weil es normal scheint, muss es nicht richtig sein.

Glaube

Mein Eucharisteo-Buch, das Büchlein, in dem ich all meine Dankes-momente festhalte, fliegt auseinander. Immer mehr Seiten liegen lose in meinem Schoß. Ich entschließe mich, alle Dankesmomente dieses Jahres in ein neues Buch zu übertragen.

Ein paar Monate sind dünn, in ihnen gibt es kaum Einträge, weil das Jahr 2021 kein Gutes für mich war und Dankbarkeit nichts mit Zwang oder Fleiß zu tun hat. Zudem darf ich Dinge blöd finden, darf Tage zu Ende wünschen, damit ein neuer Himmel aufgehen darf. Trotz mei-nes Glaubens. Weil ich glaube.

Es gibt kein Konzept für Leid. Das weiß ich inzwischen. Es trifft die Menschen wie ein Faustschlag. Letztens las ich, dass Gott denen, die ihm am nächsten sind, auch am meisten Leid zumutet. Meine Güte, was für ein Schwachsinn! Ich weiß nicht, was das für ein Gott sein soll, aber meiner ist es nicht. Was hätte ich für einen Grund, an jemanden zu glauben, der mir desto näher ich ihm bin, umso mehr weh tut?

Beim Übertragen der Einträge in ein neues Buch, merke ich, dass ich viele Momente der Dankbarkeit aus diesem Jahr vergessen hat-te und anfange, mich mehr und mehr zu erinnern. Ich grinse, weine. Freue mich über meine Aufzeichnungen, fühle mich Gott nah, und es schmerzt nicht. Im Gegenteil, es fühlt sich warm an und weich, wie die Heizdecke meiner Mama.

Dankbarkeit fliegt mir nicht zu, außer, wenn ich in völliger Entspannung in der Hängematte liege. Doch im Alltag ist das schwierig. So sollte Dankbarkeit in das Lebenskonzept eingebaut werden. Vor einiger Zeit habe ich die Entscheidung getroffen, meine Dankbarkeit zu suchen, auch wenn es im Alltag immer wieder niederschmetternd ist. Seit ich meinen Dank aufschreibe, merke ich, wie ich mir selbst das Gute immer wieder vor die Nase halte.

Wie gerade, als mir ganz warm wurde anhand all dieser Erinnerungen, die ich vergessen hatte. Es scheint, als wäre es eine Wärme, die mich sogar in kalten Tagen ummanteln wird.

Erinnerungen – die guten, die leisen, nichts Großes, nichts Lautes – sie tragen mich. Allerdings muss ich mir Zeit nehmen, an sie zu denken. Ihrer zu gedenken. Zeit, dem Drang zu widerstehen, ständig neue zu schaffen und mir stattdessen lieber eine gesunde geistige Verdauung zu gönnen. Ich brauche nicht von jedem Moment zu erwarten, dass er schön wird, und brauche ihn auch nicht unbedingt so zu gestalten, dass ich mich erinnern will. Denn das läuft schon von allein. 2021 war kein gutes und zugleich ein wunderbares Jahr.

Gebetsmuskel

In meiner imaginären Hosentasche befindet sich immer ein Leit-spruch. Manchmal ist es ein Lied, oft ein Bibelvers oder ein Gebet. Unzählige Male habe ich »Herr, gib mir einen Frieden, einen Frieden, den mir die Welt nicht geben kann« gebetet. Auch Stoßgebete emp-finde ich erleichternd. Wenn ich höre, dass es jemandem nicht gut geht, wird direkt ein Gebet in den Himmel geschickt. Ich habe das Gefühl, dass durch die regelmäßige Anwendung eine Art Gebets-muskel bei mir trainiert wurde. Er trägt mich inzwischen zuverlässig. Weil Gebet bei mir keinen Zwang hat, nutzt es sich trotz der häufi-gen Anwendung nicht ab. Wenn ich ein »Herr, verlass mich nicht!« ausstoße, dann meine ich das ebenso. Nicht mehr, aber auch nicht weniger. Oftmals ist mein Tagesaustausch mit Gott auch nicht um-fangreicher als ein paar Worte. Diese sind nicht groß formuliert, son-dern geradeheraus. Ich kann nicht gut singen und ich bin auch nicht von einer übersinnlichen Aura umgeben. Oft stehe ich beim Beten im Stau oder sammle Katzenkacke aus dem Sandkasten. Dann frage ich mich schon, ob die Umstände meines Gebetes etwas stilvoller sein sollten. Das hätte allerdings zur Folge, dass ich gar nicht mehr beten würde, denn dieses heilige Setting, was ich im Kopf habe, findet in meinem Alltag nicht statt. Ich stelle mir dann Jesus vor, wie er mein sehr einfaches Setting findet, und muss lächeln. Als hätte Jesus noch nie etwas mit Exkrementen zu tun gehabt. Gerade er weiß, wie sich schmutzige Füße anfühlen. Er ist dort, wo es dreckig und staubig ist. Bei den Menschen, die in den Gassen ihrer eigenen Seele hausen und geistlich von der Hand in den Mund leben.

In den Zeiten, an denen mir kein Gebet über die Lippen kommen will, weil ich nicht aushalten kann, was auf dieser Welt passiert und es mir nicht richtig scheint, ein Loblied zu singen, verschwindet Gott nicht beleidigt um die nächste Ecke. In einem Lobpreislied heißt es: »Wenn ich mich abwende, folgst du mir zugewandt.«
Übersetzt heißt das, auch wenn ich scheiße bin, bleibst du bei mir!

Ich stelle mir dann Jesus vor, wie er mein sehr einfaches Setting findet, und muss lächeln. Als hätte Jesus noch nie etwas mit Exkrementen zu tun gehabt. Gerade er weiß, wie sich schmutzige Füße anfühlen. Er ist dort, wo es dreckig und staubig ist.

Mehr Liebe geht nicht. Und das ist der Grund, warum ich mich wieder und wieder entscheide, an einen guten Gott zu glauben, gleich wie die Umstände um mich herum sind.

Angenommen

Das ist also der Osten. Wunderschön! Wir sitzen als Familie auf einem Ausflugsdampfer und lassen uns über die fünf Seen Lychens kutschieren.

Unter Deck ist es eng und unser Kleinster will alles andere als stillsitzen und rausgucken. Ich nehme ihn auf den Arm. Er fängt an zu schreien und streckt sich nach hinten über. Mir bricht der Schweiß aus. Ein Blick zur Seite, der Mittlere sitzt bei meinem Mann auf dem Schoß und spielt mit seiner Spielzeugschildkröte, der Große liest. Eigentlich ein guter Schnitt. Während ich versuche, mich mit dem kleinen Kerl auf dem Schoß wieder hinzusetzen, schaue ich auf meine Uhr. Noch drei Stunden und zehn Minuten dauert die Fahrt. Was haben wir uns bei diesem Ausflug nur gedacht?

Solche Aktionen passieren, wenn man versucht die Bedürfnisse aller Familienmitglieder zu befriedigen. Eigentlich ein ehrenhafter Versuch, doch es fühlt sich am Ende unvollkommen an, weil nie alle Bedürfnisse ausreichend befriedigt werden können. Schon gar nicht, wenn die Erziehung auf Augenhöhe stattfindet und Kinder von Beginn erfahren dürfen, dass die eigenen Bedürfnisse gesehen werden.

Das bedeutet allerdings für mich und meinen Mann, dass es nie mit einem Abwasch getan ist, immer ist mindestens ein Kind unzufrieden. Ich weiß, dass die Kinder so lernen, mit Enttäuschungen umzugehen.

Was mir aber nicht klar war: dass ich noch einmal ganz neu lernen musste, mit der Enttäuschung anderer umzugehen.

Noch nie habe ich Menschen im meinem bisherigen Leben so oft enttäuscht wie in den letzten zehn Jahren, seit ich Mutter bin. Das ist gar nicht so leicht auszuhalten, würde ich doch gern alles immer möglich machen. Das würde aber niemandem guttun, und ich bin inzwischen froh, dass ich durch die Anzahl unserer Kinder gar keine andere Möglichkeit habe, als täglich Enttäuschungen auszuhalten. Heute ist es der Kleinste, der sich den Tag anders vorgestellt hat, mit mehr Freiraum als auf diesem engen Schiff möglich.

Mitten im Beruhigen und Bespaßen sehe ich ein ziemlich lässiges, etwa 16 Jahre altes Mädchen hinter uns sitzen. Einen Stöpsel im Ohr, ihre Trainingsjacke rutscht ihr locker über die eine Schulter, ihr Gesicht ist eingefroren. Ich kann ihren Blick nicht richtig deuten. Ist sie gelangweilt oder vielleicht sogar genervt von uns? Kurz bin ich irritiert, denn im nächsten Moment treffen sich unserer Blicke und ich meine, Sympathie zu erkennen. Ihr schräges Lächeln bestätigt meine Annahme. Ich laufe mit Sashi an der Hand den Gang auf und ab. Die ganze Fahrt über lächelt sie uns immer wieder an und hebt unermüdlich Sashis Spielzeug auf.

Ihre Mutter, die vom Aussehen eher ihre Schwester sein könnte, tut es ihr gleich. Einfach so. Ich erzähle das, weil es uns selten so geht. Unsere Familie ist immer laut und unruhig, und das wird überwiegend als störend empfunden. Diese beiden Menschen nehmen uns an, wie wir sind, ohne ein Wort gesprochen zu haben. Sie erwarten nicht, dass unsere Jungs leise sind, dass sie diese ganzen oberflächlichen Floskeln draufhaben, die vermitteln sollen, wie gut erzogen sie sind (und wenn die Floskeln fehlen, wird schnell angenommen, dass unsere Kinder ungezogen sind). Allein bei dem Wort »ungezogen« läuft mir ein kalter Schauer über den Rücken, denn ich weiß genau, dass unsere Jungs in der Schule laut und selbstbewusst sind und ebenso andere Mitschüler unterstützen, wenn sie Hilfe brauchen. Das geht nämlich zusammen. Wenn ich die verstaubt und längst überholten

gesellschaftlichen Vorstellungen von Kindererziehung, die immer noch in zu vielen Köpfen spuken, außenvorlasse, dann bin ich stolz auf die Charaktermischung der Jungs: wild und empathisch. Wunderbar.

Mehr und mehr macht sich eine Entspannung in mir breit. Wir dürfen hier sein, wie wir sind. Schon kann ich das Gequengel des Kleinen besser aushalten, kann sehen, dass er niemanden nerven will, sondern

seinem Alter entsprechend ungefiltert seine Gefühle preisgibt. Unser Sechsjähriger fragte vor Kurzem bei einem Waldspaziergang: »Papa, mir ist kalt, kann ich auf deine Schultern?«

»Klar, aber dort oben wird dir nicht wärmer!«, antwortete mein Mann. Unser Sohn sagte daraufhin: »Papa, wenn man einen Ort hat, an dem man sich angenommen fühlt, dann kommt die Wärme automatisch!«

Der muffige Schiffsrumpf fängt ein wenig an zu strahlen, es scheint so, als hätte er beheizte Wände. Die Wärme breitet sich überall in mir aus. Ich versuche, unsere Familie mit den Augen der netten 16-jährigen zu sehen. Drei kleine Jungs mit blonden Haaren, braunen Augen und Schalk im Nacken. Nicht mehr und auch nicht weniger.

Veronika Smoor sagt in ihrem Buch »Hoffnung leuchtet«: »Wenn du mehr hast, als du brauchst, dann baue dir längere Tische und keine höheren Zäune.« Mich beschleicht das Gefühl, dass die beiden fremden Frauen mehr Geduld haben als mein Mann und ich gerade. Und statt genervt zu sein, dass wir uns als Familie in diesen engen Raum quetschen, laden sie uns mit ihrer Offenheit und Akzeptanz an ihren Tisch ein, der viel Platz hat.

Um sich angenommen zu fühlen, reicht manchmal schon das schiefe Lächeln eines Teenagers.

Fürsorge am Gartenzaun

Manchmal habe ich das Gefühl, etwas Großes verrichten zu müssen, Dinge zu verändern, laut zu werden.

Ich sage meine Meinung und setze mich für andere ein, allerdings habe ich mich noch nie für meine Forderung nach einer besseren Welt irgendwo anketten lassen. So fühle ich mich im Alltag oftmals nutzlos, was bewege ich hier schon im Berliner Speckgürtel?

Der Alltag und mein Engagement fühlen sich fad und blass an. Dabei übersehe ich, dass ich jeden Tag Gemeinschaft lebe und diese Gemeinschaft aufgrund der verschiedenen Menschen bunt ist. Ich lebe sie mit unseren Kindern, mit den Nachbarn, Freunden, dem Kassierer im Discounter. Diese Gemeinschaft wird von Akzeptanz und Liebe geprägt. Natürlich empfinde ich zu dem Kassierer nicht dieselbe Zuneigung wie zu unseren Kindern, es gibt einen Unterschied zwischen Nächsten- und Mutterliebe. Doch fußen beide auf Herzenswärme.

Ich muss keine Visionärin sein, um gute Gemeinschaft im Alltag zu leben. Dafür brauche ich weder Plakate noch ein Megafon. Ich brauche Respekt, Aufmerksamkeit, Zeit und Verzicht. Und das Wissen, dass jeder Mensch vor Gott gleich ist. Das im Hinterkopf zu haben prägt den Umgang mit Menschen, denen ich regelmäßig begegne.

Unser Nachbar wählt die AfD, das hat er mir letztens am Gartenzaun erzählt, nachdem er sich wie immer liebevoll nach den Jungs erkundigt hat. Alles in mir hat sich sofort verkrampft. Will ich mit »so jemandem« etwas zu tun haben? Doch schon im selben Moment war mir klar, dass ich jetzt erst recht in Kontakt bleiben muss, um nachzufragen, warum er die AfD wählt. Und das habe ich auch direkt gemacht, nachgebohrt, zugehört, bin in die Diskussion gegangen. Das liegt mir eigentlich nicht, politische Diskussionen, und dennoch habe ich mich darauf eingelassen

Das war ein Moment, in dem ich mich in meinen Alltag für meine Überzeugungen habe anketten lassen, indem ich nicht weggelaufen bin und die Vorhänge zugezogen habe. Nicht in der großen weiten Welt, mit vielen Gleichgesinnten an der Seite, sondern in seinem privaten Umfeld den Mund aufzumachen ist nicht leicht, und gleichzeitig fühlt es sich echt an. Denn ich überzeuge andere nicht davon, Menschen zu respektieren, egal aus welchem Land sie kommen und an welchen Gott sie glauben, wenn ich sie missachte und genau das lebe, was ich so falsch finde. Nämlich Menschen auszuschließen. Viel wichtiger ist es hinzuhören, dem Gegenüber die Möglichkeit zu geben, zu erzählen, sich zu erklären.

Tomas Sjödin sagt: »Je mehr Menschen ich kennenlerne, desto öfter denke ich: Wenn alle Leute ihre Probleme in durchsichtigen Plastikbehältern bei sich tragen würden, würde keiner tauschen wollen. Jeder hat seine eigene Kiste, und nur wenn man sehr großen Abstand hält, kann man sich der Illusion hingeben, es gäbe Menschen, die es einfach immer nur guthaben.«

Einem Menschen zuzuhören kann bedeuten, ihn blühen zu lassen. Ich habe es oftmals in meinem Beruf erlebt, wie belebend es ist, gehört zu werden. Gar nicht in die Handlung zugehen, sondern nur zuzuhören, mit allen Sinnen da zu sein für einen Menschen, der sich schwach fühlt und sich mitteilen möchte.

Nicht jeder Mensch redet gern, doch auch hier ist meine Erfahrung: Wenn man signalisiert, dass man ehrlich interessiert ist, in meinem Fall daran, warum unser Nachbar die AfD wählt, dann teilen sich Menschen mit. Auch unser Nachbar hat mir nach erstem Zögern viel erzählt und ich konnte reagieren, ihm sagen, was ich von der AfD halte, wie schlimm ich es finde, was diese Partei verkörpert. Doch alles ohne Anklage oder Abneigung. Solch ein Kontakt ist nie vergebens. Menschen zu beurteilen und sie in Kategorien einzuteilen, um sie besser verurteilen zu können, ist ein Kinderspiel. Wie schnell kommen uns Worte über die Lippen, damit wir uns vermeidlich besser fühlen. Und obwohl danach keine Fülle zu spüren ist, wird schon das nächste Opfer gesucht, um uns selbst aufwerten zu können. So läuft es aber nicht. Worte bleiben, wenn sie ausgesprochen wurden. Wie ein Graffiti stehen sie leuchtend an der Wand und können nur mit großem Aufwand weggeschrubbt werden. Manchmal sind die Schatten für immer erkennbar.

Fülle entsteht bei jedem Schritt, den wir aus unserer Komfortzone heraus auf jemanden anderen zumachen, der anders lebt, denkt und handelt, als man es selbst tut. Sie entsteht, wenn wir Geschichten von Menschen unbearbeitet annehmen. Das ist möglich, wenn wir uns selbst nicht so vollstopfen mit Themen, die nur uns betreffen. Es ist gut, immer ein wenig Raum für jemand Unerwartetes zu haben. Menschen in sein Herz zu bitten, trotz aller vorgegangenen Verletzungen, heißt zuzulassen, gebraucht zu werden. Jemandem zu helfen, erzeugt eine Wärme, die zufrieden macht.

Das gesellschaftliche Zusammenleben findet nicht im Kanzleramt, sondern auf den Straßen, im Büro, im Hausflur und am Gartenzaun statt. Hier findet man die zwischenmenschlichen Kontakte, die eine Gesellschaft prägt.

Ich habe beruflich und privat mit vielen Menschen reden dürfen, die meine Sicht verändert und meinen Horizont erweitert haben. Die Gespräche haben mich in Welten eintreten lassen, die mir zuvor verschlossen waren, und ich habe beim Betrachten der einzelnen Lebenswelten immer einen Mehrwert gespürt. Wie ein kleines Kind habe ich Wahrheiten empfangen, die mir nicht bewusst waren, die mich haben Nachdenken lassen. Egal wie begrenzt meine Kraft und Ressourcen in den letzten Jahren waren, ich habe nie aufgehört Menschen zu empfangen und meine Ohren und mein Herz zu öffnen. Es hilft mir, offen zu bleiben und den wertschätzenden Blick nicht zu verlieren.

Das gesellschaftliche Zusammenleben findet nicht im Kanzleramt, sondern auf den Straßen, im Büro, im Hausflur und am Gartenzaun statt. Hier findet man die zwischenmenschlichen Kontakte, die eine Gesellschaft prägt.

Reifejacke

Meine erste Wohnung war ein kleines möbliertes Zimmer mit Waschbecken in einem verlebten Wohnheim, mit PVC-Boden und regelmäßigem Mäusebesuch. Da stand ich, gerade 19 Jahre alt geworden, mit meinen zwei Kisten, in denen mein Kinderzimmer verpackt war. Ohne eine Idee davon, wie es war, allein zu leben.

Es war so ungemütlich, dass mein erster Impuls war, wieder in den warmen Schoß meiner Mutter zu kriechen.

Allerdings gab es einen Teil in mir, der das Abenteuer durch den PVC-Boden roch, und so blieb ich. Die erste Nacht war schrecklich; ständig knallten Türen von MitbewohnerInnen, die ich nicht kannte. Alles fühlte sich fremd und kratzig an. Als ich erwachte, es war ein Sonntag, zog ich meine Reifejacke an, krempelte die Ärmel hoch und hatte entschieden, dass ich den Schritt in meinen neuen Lebensabschnitt gehen würde. Als erste Maßnahme hängte ich die hässliche Wand mit meinen Plakaten voll, steckte meine Lampe mit dem warmen Licht in die Steckdose.

Ich setzte mich an meinen Schreibtisch und merkte, dass ich weiterhin unruhig war, ja irgendwie sauer. Ich wusste gar nicht, worauf. Ich hatte aus freien Stücken entschieden, hier einzuziehen. Klar: Hätte ich Geld gehabt, wäre eine gemütliche Wohnung mit eigener Dusche großartig gewesen. Doch machte mich die Tatsache, dass ich als Auszubildende kaum Geld hatte, wirklich so sauer? Oder dieses

ekelige Bad am Ende des Flurs, das ich mir mit zwölf Fremden teilen musste?

Ich verschränkte meine Arme und merkte, dass es die Hilflosigkeit war, die mich so unruhig machte. Ich wühlte in einer Kiste und fand wonach ich suchte; zwei bunte Läufer, die ich von zu Hause mitgebracht hatte. Damit versuchte ich, den kalten, abgenutzten Boden so gut es ging zu bedecken, was in diesem winzigen Raum nicht schwer war. Ich schaute mich um und fühlte mich schon ein Stück wohler.

Die Kraft der Hilflosigkeit in Wut umzuwandeln, scheint viel leichter, als daraus einen Frieden zu entwickeln.

Das Wort »Frieden«, stammt von dem altdeutschen Wort

Frieden kann nur wachsen und sich ausbreiten, wenn ich mich aktiv um ihn kümmere und mich für ihn einsetze.

»fridu« ab und bedeutet »Schonung.« Auch wird das Wort »Frieden« gebraucht, um einen Zustand der Ruhe, der Harmonie und der Abwesenheit von Störungen auszudrücken, vor allem als Gegensatz zu »Krieg«.

Als ich damals in diesem Wohnheimzimmer saß, wuchs in mir eine Vermutung, die sich ein paar Jahre später bestätigen würde: Frieden kann nur wachsen und sich ausbreiten, wenn ich mich aktiv um ihn kümmere und mich für ihn einsetze. In dem hässlichen Zimmer waren es die Teppiche, die mich langsam zur Ruhe kommen und mich friedvoller werden ließen.

Noch heute ziehe ich mich regelmäßig aus dem Geplappere des Daseins zurück. Inzwischen ist es ein Fell vor dem Kamin und nicht mehr die bunten Läufer, auf dem ich mich ausstrecke. Dort überlege ich, wie mein Tagesfrieden aussehen kann. Was der Tag Glänzendes zwischen den LKW-Ladungen voller Herausforderungen für mich hat.

Manchmal ziehe ich dazu meine Reifejacke an. Sie hat in den Jahren an Umfang zugelegt und ich kann mich komplett in sie einwickeln.

Mir ist klar, dass ich das nur kann, weil ich so viel erlebt habe, weil meine Reife mit mir gewachsen ist.

Wie ein Zelt stelle ich sie an Regentagen auf, um nicht überraschend nass zu werden und dann den ganzen Tag zu frieren.

In den letzten Jahren wurde meine Reifejacke von Fäden der Weisheit durchzogen, nicht viele, aber hier und da ist ein schimmernder Faden zu erkennen, und ich habe das Gefühl, dass sie durch den neuen Stoff atmungsaktiver geworden ist.

In der Bibel steht: »Ich, die Weisheit, bin verwandt mit der Klugheit. Ich weiß, wo ich guten Rat finde.« (Sprüche 8,12, NL). Eine schöne Vorstellung: Wenn ich bewusst an meinem Frieden arbeite, gesellen sich Weisheit und Klugheit zur mir auf mein Fell.

Sonne und Schild

Als wir ein gutes Jahr nach Phillis Krebsdiagnose nach Sylt zu einer Familien-Reha fuhren, war das keine Erholung für mich. Warum, konnte ich nicht so recht beantworten. Die Einrichtung war toll, die Insel auch. Jetzt, vier Jahre später, sehe ich klarer, was damals noch verschwommen war. Nach den vielen Aufenthalten auf der Kinderonkologie auf der Kur schon wieder mit so vielen schweren Schicksalen konfrontiert zu sein war für mich erdrückend und nicht verbindend. Viele der Kinder, die die Reha besuchten, hatten einen ungeklärten Status, kehrten nach der Kur ins Krankenhaus zurück, um dort weiter behandelt zu werden. Diese Aussichten gingen nicht spurlos an mir vorüber. Auch unser Sohn bekam nach der Kur weiter eine Chemotherapie, wenn auch nicht so intensiv wie in dem vergangenen Jahr. So schleppte ich mich durch die Tagestermine der Reha und versuchte, mich so viel wie möglich rauszuziehen. Den Jungs ging es dort gut. Nichts ist vergebens, das sah ich in ihren Augen.

Es gab auf der Insel zwei Orte, an denen ich loslassen konnte: das Meer und die alte Kirche im Ort. Das Meer war in diesem Sommer kaum zu bändigen. Damals, als der kleinste Wind meine Welt aus den Fugen hob. Das Meer bäumte sich täglich zu hohen Wellen auf, die donnernd aufschlugen. Ich war fasziniert. Was für eine Kraft, was für ein Eigenwille. Es schien mir, als würde an diesem Ort mein Innerstes nach außen gekehrt werden. Die Wellen als Symbol für meine Wut, ihr Getöse für die Unbeständigkeit. Ich fühlte mich verstanden. Hier draußen. Immer wieder zog es mich an den Strand, um zu sehen, was nicht zu bestimmen war. Ich schrie in den Wind, bis ich mit hochrotem Kopf auf den Sand sank. Du wunderschöne und zugleich nicht zu verstehende Welt. Wo ist mein Platz, wie wird es weitergehen?

Biophilie nennt man diesen Zustand des Sich-verstanden-Fühlens von der Natur. Das Wort Biophilie ist Griechisch und bedeutet »Liebe zum Leben« oder »Liebe zu Lebendigem.« Der Biologe Edward O. Wilson beschreibt Biophilie in seinem gleichnamigen Buch als den ersten Schritt, um als Mensch auf dieser Welt überleben zu können, nämlich, indem der Mensch seinen passenden Lebensraum wählt. Wird der Lebensraum gefunden, der dem jeweiligen Menschen wiederkehrend Ruhe und Frieden gibt, ist alles andere im Leben, alle Herausforderungen, alle Sorgen, besser zu bewältigen. Hierbei bezeichnet Wilson die Natur als »Zuflucht des Geistes«, die durchgreifender ist, als »die menschliche Vorstellungskraft«, so habe ich es bei Elisabeth Tova Bailey gelesen.

Ich wusste damals am Strand nicht, wie es weitergehen würde in unserem Leben. Ich versorgte und bangte Tag und Nacht und hatte aufgrund der Ungewissheit, keine Ahnung, was noch kommt. Den Wellen war diese unsicherere Zukunft egal. Das beruhigte mich. Das Brechen der Wellen war so laut, dass mir das Grübeln nicht gelang, und mein Geist durfte für einen Moment ruhen. Es war fast so, als würden die Wellen für mich sorgen. Diese mütterliche Geste löste einen inneren Einklang in mir aus, die keine Wassergymnastik erreichen konnte. Die Natur erwartete nichts von mir, außer, dass ich sie in Ruhe ließ. Als Gegenleistung gab sie mir das, was eine menschliche Hand in dieser schweren Zeit nicht reichen konnte: Frieden.

Das Gegenstück zu diesem nicht zugreifenden Sturm war die Friesenkirche nur ein paar Gehminuten von unserer Unterkunft entfernt. Dort schien alles massiv und stabil. Egal, welcher Sturm vor dem

Deich tobte, die Mauern der Kirche machten keinen Mucks, es war ruhig an diesem Ort. An der Wand hing ein Gemälde, das zeigte, wie Jesus mit seinen Jüngern im Segelboot steht und den Sturm nur mit einer Bewegung seiner Hände stillt.

Als ich das Bild das erste Mal sah, rührte es mich zu Tränen. Wie einfach es aussah: Hände ausbreiten und der Sturm, der gerade noch tobte, schwieg. Die Wogen glätten sich. Rechts neben dem Altar hing ein kleines Holzschiff. Es war voller Teelichter, die die ganze Wand in einem goldenen, warmen Licht erstrahlen ließen. Oben drüber stand »Gott, der Herr, ist Sonne und Schild« aus dem Bibelvers: »Denn Gott, der Herr, ist unsere Sonne, er beschützt uns wie ein Schild. Gnade schenkt der Herr, und er lässt uns zu Ehren kommen. Denen, die aufrichtig ihren Weg gehen, enthält er nichts Gutes vor (Psalm 84,12, NGÜ). Wärme und Schutz; es schien mir so, als bräuchte ich nur diese zwei Dinge im Leben.

Mir fiel folgendes Gedicht von Gudrun Pausewang ein:

> »Zweifelst du?
> Ich glaub für dich.
> Zweifel ich,
> glaubst du für mich.
> Wach! Ich ruh.
> Tröstlich der Schimmer:
> Einer von uns,
> ich oder du,
> einer bläst immer
> in die Glut.
> Das zu wissen, tut gut.«

Bläst Gott für mich in die Glut, indem er mir Menschen an die Seite stellt, die mich wärmen, oder die Natur, den Wind, der den nötigen Sauerstoff für mein inneres Feuer gibt?

Mir entfuhr ein Seufzer, wie ich dort so stand, ganz klein, fast kindlich mit meiner zu großen Jacke und dem Tuch um den Hals, in das ich mich bis zur Nasenspitze eingegraben hatte.

Ich blieb gedanklich bei Gudrun Pausewang hängen. Ihr Buch »Die Wolke« hat mich damals zutiefst erschüttert. Meine große Schwester hat es in der Schule gelesen. Ich war neugierig und las es sofort, nachdem meine Schwester damit durch war. Ich war mit 10 Jahren eigentlich noch zu jung für das Buch, aber ich konnte nicht aufhören zu lesen. Ich stellte mir vor, dass hinter unserem Haus am Ende des Sportplatzes, wo der große Wald anfing, ein Atomkraftwerk stünde. Ich fragte mich, was mit unserem Haus, mit meiner Familie geschehen würde, wenn es einen Reaktorunfall gäbe. Ich war mir nicht sicher; der Sportplatz schien mir in meiner kindlichen Sicht von Entfernungen ziemlich weit weg. Meine Gedanken waren nicht grundlos, keine zwanzig Kilometer entfernt von meinem Zuhause stand tatsächlich ein Atomkraftwerk, das auf mich als Kind mit seinen dicken rauchenden Türmen immer bedrohlich aussah. Durch das Buch hatte ich die Gewissheit, es war gefährlich.

Als ich an der Stelle im Buch angekommen war, an der die 14-jährige Protagonistin Janna-Berta durch die freigesetzte Radioaktivität des Atomkraftwerkes unweit ihres Wohnortes verseucht wird und ihr kurze Zeit später unter anderem alle Haare ausfielen, war ich sprachlos. Das war das Schlimmste, was sich mein zehnjähriges Ich vorstellen konnte. Alle Haare zu verlieren. Schlimmer als der Tod, den ich damals noch nicht greifen konnte.

Mein erwachsenes Ich hat nun einen Sohn, der alle Haare verloren hat und mit Zytostatika therapiert wird. Ich erinnere mich daran, wie sehr ich mich als Kind gefürchtet habe vor all dem, was außerhalb unseres Dorfes stattfand. Wie ich großen Weltschmerz verspürte, als ich alt genug für die Tagesschau war. Dreißig Jahre später finde ich mich zwischen meinen größten Ängsten wieder. Und stehe noch. Wackelig, aber ich stehe.

Ich fühle mich meiner Angst immer noch nicht gewachsen, aber ich bin in meiner Angst gewachsen. Ich bin viel standhafter und stärker als das Kind, an das ich mich erinnere.

So habe ich das noch nicht betrachtet. Ich merke, wie ein Gefühl der Annahme mir selbst gegenüber aufkommt. Dass ich für zwei Kinder sorgen kann, dass ich immer wieder die Kinderonkologie betrete. *Das machst du gut, Katharina. Obwohl du so sensibel bist, stehst du hier. Du bist auf der Reha mit für dein Gefühl viel zu vielen Menschen, denen es schlecht geht, und auch wenn du dich hier nicht entspannen kannst, hast du deinen Rückzugsort gefunden.*
Sonne und Schild, ich spüre beides, in diesem Augenblick, in dieser Kirche, die für kurze Zeit alle Schreie verstummen lässt. Ich bin ein wenig beschwingt, ja leicht, und koste den Moment aus, wickle mein weiches Tuch noch fester um mich, schaue auf das hellerleuchtete Holzschiff an der Wand und bin mir sicher, dass Gott gerade seine Hände über mir ausgebreitet hat und mir seinen Frieden schenkt.
»Der HERR segne dich und behüte dich; der Herr lasse sein Angesicht leuchten über dir und sei dir gnädig; der Herr hebe sein Angesicht über dich und gebe dir Frieden.« (4. Mose 6,24–26)
Gott hat alle meine Tränen gesehen; die, die stumm über meine Wange rannen, die, die unter lautem Klagen in meinen Schoß fielen, die, die von einer umsorgenden Hand abgewischt wurden. Keine einzelne ist verloren gegangen. Warum er nicht handelt, wenn er meinen Schmerz sieht? Ich weiß es nicht. Was ich jedoch weiß ist, dass er alles fühlt, was ich fühle. Gott ist in meinem Leid, er ist in meinem Alltag und all den Sorgen und Nöten verwoben, weil er das so möchte, weil er mir das Versprechen gegeben hat, mich nicht zu verlassen. Bevor ich aus der Kirche gehe, wappne ich mich für den Sturm draußen, mit Sonne und Schild.

Zusammen

Verschlafen schaue ich auf mein Handy. Sonst immer unten im Wohnzimmer platziert, liegt es seit vier Wochen auf meinem Nachtschrank, mit maximal eingestellter Lautstärke, damit ich es nicht überhören kann. Ich setze meine Brille auf und erkenne, dass der Anrufer Joni ist, der Mann meiner Freundin Kezia. Ich bin sofort hellwach und nehme ab. Joni erzählt, dass ich mich langsam auf den Weg machen könnte, die Wehen von Kezia seien nun regelmäßig.

Alles klar, ich mache mich sofort auf den Weg, antworte ich und bin kurze Zeit später angezogen. »Die Geburt geht los«, flüstere ich noch meinem Mann zu, bevor ich die Haustür leise hinter mir schließe. Zehn Minuten brauche ich mit dem Auto von uns zu Kezia, es ist zwei Uhr morgens, die Stadt schläft, kaum jemand ist unterwegs.

Kezia hatte mich schon am Anfang ihrer Schwangerschaft gefragt, ob ich auf den vierjährigen Edo aufpassen könnte, wenn die Geburt losgeht. Selbstverständlich, habe ich zugesagt. Als der Geburtstermin näherrückte, wurde ich zunehmend nervöser, weil ich befürchtete, mein Handy nicht zu hören. Immer angeschaltet hatte ich es bei mir. Jetzt, wo ich den wichtigen Anruf nicht verpasst habe, fühle ich mich richtig leichtfüßig und bin stolz darauf, bei einer Geburt einen kleinen Part spielen zu dürfen.

Joni erwartet mich an der Haustür und bittet mich rein. Schon im Flur höre ich Kezia tönen. Ich halte kurz inne – irre ich mich oder klang das so, als hätte sie schon starke Wehen? Joni ging die Treppe hoch, um noch ein paar Sachen zu packen. Unschlüssig, was ich machen sollte, stehe ich noch ein wenig im Flur rum.

Kezia kenne ich schon sehr lange. Als ich sie das erste Mal traf und mich sofort in ihr besonderes Wesen verliebte, war sie zwölf und ich vierzehn Jahre alt. Ich war fasziniert von ihr. Sie wirkte in ihrem kindlichen Körper schon so weise und wissend. Wir wohnten zwanzig Kilometer auseinander und telefonierten unzählige Stunden. Es gab Tage, die verbrachte ich komplett mit ihr zusammen, am Telefon. Meine Eltern waren von den Telefonrechnungen in dieser Zeit nicht begeistert.

Mit Kezia war ich das erste Mal richtig betrunken, ich war dabei, als sie den ersten Kuss bekam, und wir trösteten uns gegenseitig bei großem Herzschmerz und verfluchten denjenigen, der ihn ausgelöst hat. Wir reisten zusammen mit kaum Geld in der Tasche und entschieden gemeinsam, nach Berlin zu ziehen. Als ich die Zusage für die Uni bekam, tanzten wir auf dem Tisch in der Küche unserer winzigen Wohnung. Wir zogen durch das nächtliche Berlin und sogen alles auf. Einmal gingen wir, als wir nach Hause kamen, an unserer Wohnungstür vorbei einen Stock höher; dort tobte eine Party. Wir klingelten und taten so, als wären wir langersehnte Gäste. Kichernd gingen wir ins Bad, wo die Wanne voller Bierflaschen gefüllt war, nahmen uns eins und feierten mit, obwohl wir niemanden dort kannten. Das Tor der Welt stand uns offen. Viele erste Male und große Schritte erlebten wir Seite an Seite.

Doch als ich dort im Flur stehe, wächst die Ehrfurcht. Ein Baby, das sich auf den Weg gemacht hat, um geboren zu werden, ich bin mir der besonderen Situation bewusst.

Als die nächste Wehe kommt, gebe ich mir einen Ruck und gehe ins Wohnzimmer, das in ein warmes Licht getaucht ist. Auf dem Sofa kniet Kezia, ganz bei sich. In ihre Atmung vertieft wiegt sie ihr Becken hin und her.

Es fühlt sich nahezu heilig an, so nah neben einer Gebärenden zu stehen. Bis jetzt habe ich nur meine eigenen Geburten erlebt. Danebenzustehen ist etwas völlig anderes, und während ich Kezia die Wehe veratmen höre, erahnt mich das Gefühl, dass sie es nicht ins Geburtshaus schaffen wird. In dem Moment kommt Joni rein, er telefoniert mit der Hebamme, kurz und knapp antwortet er und gibt den Zustand von Kezia durch.

Kezia veratmet die nächste Wehe, ihr Tönen wird lauter, erreicht den Höhepunkt und nimmt wieder ab.

Joni legt auf und schaut mich an, sein Blick verrät mir, was er gleich sagen wird: »Die Hebamme sagt, sie wird nicht rechtzeitig hier sein, wir sollen das Baby auffangen.«

Ich erstarre. »Das Baby auffangen?« Ich schaue zu Kezia, meiner Freundin, die seit Jahrzehnten für mich da ist. Für einen Moment scheine ich unfähig mich zu rühren.

Im Herbst vor zwei Jahren waren Kezia und ich zusammen schwanger. Sie mit ihrem zweiten, ich mit meinem dritten Kind. Wir waren verzückt, das gab es bis jetzt noch nicht. Wir stellten uns vor, wie wir gemeinsam unsere Tragetücher binden, auslaufende Brüste haben und uns gegenseitig mit Windeln versorgten. Im fünften Monat bekam Kezia starke Schmerzen im Unterleib. Sie fuhren ins Krankenhaus, und Kezia wurde durchgecheckt, aber sie fanden nichts. Die Schmerzen blieben und eine Woche später wurden sie wieder sehr stark, kaum auszuhalten. Wieder fuhren sie ins Krankenhaus und wieder war nicht klar, was die Schmerzen verursachte. Es sah nicht gut aus. Und dennoch blieb die Hoffnung, dass das Baby keinen Schaden nehmen würde. Abends telefonierten wir, sie erzählte mir, dass es ihr besser ging.

Morgens, die Blätter fielen von den Bäumen, überall war es feucht, Nebel lag auf den Feldern, rief Kezia mich wieder an. Ich hörte, wie ihr die Tränen liefen. Sie hatte das Baby am späten Abend verloren. Wieder hatten starke Schmerzen, begleitet von Blutungen eingesetzt, und diesmal hat sie das Baby geboren. Es gab die Möglichkeit es zu sehen, es war ein Junge.

Ich bekam kaum ein Wort raus. »Oh Kezia, was für eine Scheiße. Es tut mir so leid«, stammelte ich. »Dein Herz muss heute Nacht rausgerissen worden sein.« Ich fragte sie, ob ich vorbeikommen dürfte, trotz meines Babybauches.

»Ja, komm!« sagte sie tonlos.

Ich saß an ihrem Krankenhausbett und wir hielten uns die Hände und verstanden die Welt nicht mehr. Schweigend flossen die Tränen über unsere Wangen, wir machten uns nicht die Mühe sie abzuwischen, ließen den Fluss laufen.

Nach dem Verlust des Babys fuhr Kezia mit ihrem Mann betäubt nach Hause, um kurze Zeit später wieder in die Klinik aufzubrechen. Die starken Schmerzen im Unterleib hatten nicht nachgelassen. Bei dem dritten Krankenhausaufenthalt wurde festgestellt, dass der eine Eierstock auffällig aussah. Sie kam in den OP. Als sie aus der Narkose erwachte, wurde ihr mitgeteilt, dass der betroffene Eierstock sich verdreht hatte und entfernt werden musste.

Wieder brach für Kezia eine Welt zusammen.

Sie erholte sich von dem medizinischen Eingriff, doch der Verlust schwebte über ihr.

Wie könnte es auch anders sein? Das war ihr Baby, ihr Junge, der nicht mehr da war. Es kamen Fragen auf; die sich spitz in ihre Gedanken bohrten. Würde das Baby noch leben, wenn man früher herausgefunden hätte, was die Schmerzen verursachte? Hätte früher gehandelt werden können?

Nur wenige Tage nachdem Kezias Junge gestorben ist, bekam ich unseren Sohn Sashi. Es brauchte zwischen Kezia und mir viel Sensibilität, ein Hören zwischen den Tönen, aber auch ausgesprochene Worte, damit wir einander nicht verletzten. Die Gefahr bestand, dass der Schmerz jede ihren eigenen Weg gehen ließ.

Es half mir, dass es noch nicht lange her war, dass ich um Phillis Leben gebangt habe, mich in Kezia hineinzuversetzen. Ich verstand, dass es leer in ihr war. Ich konnte gut nachvollziehen, dass in ihr die Stille wohnte, dass sie manche Worte von außen nicht erreichten, weil sie ihre Kraft in sich bündeln musste und es für ein Draußen kaum ausreichte. Das was da war, bekam Edo.

Bei einem Zustand, der das eigene Leben so erschüttert, dass nichts mehr am selben Fleck ist, vergisst man, wie die Sätze geformt werden, die man in einem ganz normalen Alltag sagt. Man vergisst, worüber sonst geredet wurde, früher, bevor es so leer innen war. Die Worte der anderen sind einem fremd, es scheint, als könnte das Gehirn sie nicht mehr übersetzen. Es ist einem rätselhaft, wie bei all dem Schmerz Menschen weiter einkaufen gehen und sich gegenseitig im Auto anhupen können. Müsste die Welt nicht stillstehen? Wenigstens einen Moment.

Ein halbes Jahr später wurde Kezia, entgegen allen Prognosen, mit nur einem Eierstock wieder schwanger. Dieses Baby ersetzt nicht den verstorbenen Jungen, der Schmerz lässt sich nicht übermalen oder aus dem Inneren verjagen. Mit dem positiven Schwangerschaftstest gab es wieder einen Wegweiser, die Möglichkeit, wo der nächste Schritt hingeht, obwohl alles so zerbrechlich war.

Und nun befinde ich mich bei der Geburt dieses Regenbogenkindes, mache mich gerade, gucke Joni an. »Ja«, sage ich mit leiser, aber klarer Stimme, »wir werden das Baby nun gemeinsam auf die Welt holen.«

Joni gibt mir Anweisungen, wo ich Handtücher finden kann. Ich stürze die Treppe hoch, versuche klar zu denken. Oben angekommen greife mir den Stapel Handtücher und laufe wieder runter. Joni ist ruhig, fast andächtig schaut er, ob er schon etwas sehen kann.

Kezias Tönen wird immer lauter, zwischen den Wehen scheint es keine Pause mehr zu geben. Joni kniet sich neben seine Frau: »Ich kann den Kopf sehen!«, sagt er begeistert, seine Stimme überschlägt sich.

Ich tue es ihm gleich und gehe ebenfalls in die Knie. Rechts und links, an Kezias Seite kniend, ermutigen wir sie, wie gut sie das macht.

Mit der nächsten Wehe wird der Kopf sichtbar, wir halten die Handtücher bereit und mit der darauffolgenden Wehe wird das Baby in unsere Hände geboren. Wir nehmen es in Empfang, umwickeln es vorsichtig mit Handtüchern, helfen Kezia, sich hinzulegen, und betten das Neugeborene auf ihre Brust. Behutsam decken wir die beiden warm zu.

Ich raste innerlich völlig aus, bin auf der Erde und im Himmel zugleich. Alles ist egal. Corona, Stress, Streit, Überforderung. Hier wurde gerade ein Mensch in meine offenen Arme geboren!

Wir strahlen uns alle gegenseitig an und sind voll drauf. Dieses Strahlen wird nur von leisen Worten wie: »Ich fasse es nicht«, »Ach du meine Güte« »Halleluja« unterbrochen, die uns abwechselnd aus dem Mund rutschen.

Es ist ein Mädchen. Zufrieden liegt sie auf Kezia, als wir tapsige Füße auf der Treppe hören. Ein verschlafener Edo steht im Zimmer. »Oh, das Baby ist da. Es ist super klein. Süüüüüß.« Er kuschelt sich neben seine Mama. Ich kann weiterhin nur grinsen. Kezia und meine Blicke treffen sich, wir wussten, dass wir das schaffen. Ich schaue zu Joni, mein Blick zeigt Anerkennung für sein bedachtes Handeln, ich bin so froh, dass wir das zu zweit gemacht haben. Er lächelt zurück.

In dem Moment geht ein Windhauch durch das Zimmer und die Hebammen kommen auf leisen Sohlen herein. Ein Schwall der Erleichterung überkommt mich; Joni und ich werden aus der Verantwortung entlassen. Ich gehe mit Edo in die Küche, wir schütten die Süßigkeitenschale auf dem Tisch aus und bestaunen unsere Beute. Nebenan kümmern sich die Hebammen liebevoll um Kezia.

Es ist alles surreal und wunderschön. Als die Welt geschlafen hat, ist hier ein Wunder geschehen. Um 6 Uhr morgens verabschiede ich mich, nehme Kezia und ihren Mann fest in die Arme, drücke Edo, werfe noch einen letzten Blick auf das gerade geborene Mädchen, bevor ich das Haus verlasse und in mein Auto steige. Immer noch ist es dunkel, doch inzwischen haben sich die Straßen gefüllt. Ein Busfahrer sitzt in seinem Bus und trinkt seinen Kaffee, bevor seine Schicht losgeht, ein Fahrradfahrer kommt mir dick eingemummelt entgegen.

Das Leben hält viel Abhängigkeit und Fremdbestimmung bereit, und es ist nicht leicht, die Führung des eigenen Lebens zu behalten oder zurückzugewinnen, wenn einem eine große Bürde auferlegt wurde. Oftmals muss man nach einem Schicksalsschlag bewusst Alltagsfenster schaffen, hinter denen die Autonomie wartet. Es braucht die Entschlossenheit, im eigenen Leben wieder mitreden zu wollen, ebenso ein bewegliches Handeln im Alltag.

Widerstand gegen die eigene Machtlosigkeit scheint kaum möglich, in einer Zeit, in der es einem nicht gut geht.

Ich möchte nicht dazu aufrufen, gegen sich selbst zu kämpfen, im Gegenteil, wenn es einem schlecht geht, ist es wichtig, für sich selbst zu sorgen, die Uhren stillstehen zu lassen und sich einzurollen. Doch nach jedem Schmerz kommt ein Punkt, an dem die Wunde anfängt zu heilen, um dann zu jucken. Hier sollte sie nicht wieder aufgepult werden, um Dreck reinzureiben. An dieser Stelle braucht es weiterhin eine gute Versorgung, um testen zu können, ob man wieder belastbar ist. Vorsichtige Schritte, einen vor, zwei zurück, ein neuer Versuch.

Widerstand gegen das eigene Mitleid ist eine Fähigkeit.

Die vielen Liter der Angst, die damals in mir steckten, mussten abgelassen werden, damit ich nicht still ertrinke. Ich habe, als ich wieder wackelig stehen konnte, die Angst abgewiesen. Manchmal habe ich sie spüren wollen, doch ich merkte, je mehr ich sie willkommen hieß, desto öfter kehrte sie in mein sicheres, mühsam abgestecktes Areal zurück. Ich wollte das nicht, mein Wunsch wuchs, wieder die Kontrolle über meine Gefühle zu haben. So zwang ich mich zu ein wenig Glück, plante es bewusst in meinen Alltag ein.

Während ich durch die Morgenstunden fahre, die Sitzheizung voll aufgedreht und mit dem Lächeln im Gesicht, das meine Lippen nicht verlassen hat, seit ich aus Kezias Haus gegangen bin, erinnere ich mich, wie es dazu kam, dass ich mich wieder so fühlen kann wie jetzt. Dass ich mich jeden Tag neu entschieden habe, die Wunden in meinem Herzen zu pflegen, sie zu akzeptieren, aber sie nicht von neuen aufreißen zu lassen.

Das ist nicht immer möglich, vor allem bei Gerüchen, die mich an die Zeit erinnert, in der ich nichts als Schmerz empfunden habe, bekommt mein Herz immer wieder kleine Risse. Dann ist es meine Aufgabe, ein Stück aus meinem Alltag auszusteigen, um mich versorgen zu können.

Ich sehe keinen Sinn in Katastrophen, meine nicht, dass wir automatisch gewachsen und reifer sind, wenn wir sie nur erst durchgestanden haben. Und doch kann Leid das Innerste berühren und die Sicht auf das Leben verändern. Zum Positiven. Vorausgesetzt, ich gehe in den Widerstand zu meinem Verlangen, das Leben ungerecht und gemein zu finden. Die Stimmen, die mir zuflüstern, dass es niemand so schwer hat wie ich, müssen zum Schweigen gebracht werden. Auch die Annahme, dass alles wieder wie vorher wird, wenn ich mich nur durchboxe, hart werde und die drolligen Probleme der anderen lächerlich finde, muss entkräftet werden. Ich darf den Griff um die Zügel lockern. Ängste dürfen ans Tageslicht geholt und ausgesprochen werden.

Nicht selten kippe ich eine Schubkarre voller Sorgen vor Gott aus. Bitte schön, das gebe ich dir zum Sortieren, sage ich dann und setze mich daneben und sehe zu, wie Gott mehrere

Ich darf den Griff um die Zügel lockern. Ängste dürfen ans Tageslicht geholt und ausgesprochen werden.

Stapel macht, um meinen Mist zu ordnen. Ich sitze mit verschränkten Armen da. Nach einiger Zeit komme ich mir blöd vor. Jetzt, wo die Stapel schon einmal vorsortiert sind, fühle ich mich im Stande mitzuhelfen. So gehen Gott und ich schweigend unserer Arbeit nach, und seine Anwesenheit erinnert mich daran, dass es gut werden kann. Anders, als ich es mir vorgestellt habe. Ich merke, dass ich mich wieder mögen kann, mit den vielen Rissen in meinem Herzen. Meine Unzulänglichkeit, sie ist in Ordnung. Meine Schwäche zu zeigen, heißt, das Leben sichtbar zu machen. Ohne das Gefühl begrenzt zu sein, könnte ich auch keine Freude über meine Kraft haben.

Der italienische Schriftsteller Cesare Pavese sagte mal:
»Es ist schön zu leben, weil Leben Anfangen ist, immer, in jedem Augenblick.«
Und so fange ich an neue Zuversicht zu gewinnen. Dass ich nicht vergesse was war, ohne es täglich sehen zu müssen.

Was war habe ich mir nicht ausgesucht, doch ich habe entschieden, wie ich damit umgehen. Und ich weiß, dass mein Weg nicht gradlinig sein muss, ich darf mich vertun, umdrehen und eine neue Richtung einschlagen. Und dann heißt die Zügel loslassen auch, ein neugeborenes Baby in den Händen zu halten. Dieses außerordentliche Gefühl, das ich bei der Geburt dieses kleinen perfekten Mädchens hatte, es wird für immer in mir bleiben.

Dunkle Tage brauchen ausreichend Licht

Ob ich jeden Tag das lebe, was ich schreibe? Ob ich immer, an jedem Tag das Schöne im Hässlichen sehe? Nein.

Fritz Reuter sagt: »So egal und so sacht fließt kein Lebenslauf, dass er nicht mal gegen einen Damm stößt und sich im Kreis dreht, oder dass ihm die Menschen Steine ins klare Wasser schmeißen, na, passieren tut jedem was – und er muss dafür sorgen, dass sein Wasser klar bleibt, dass Himmel und Erde sich in ihm spiegeln kann.«

Ich fühle mich oft überfordert und in dieser Stimmung möchte ich mich lieber verkriechen, als wohlwollend zu reflektieren, was es denn so Gutes gibt. Auch ist die Annahme falsch, dass die Menschen, die großes Leid erlebt haben, den Tag mit dem Gedanken beginnen: »Es ist mir mal so schlecht ergangen, da macht es mir gerade nichts aus, dass die ganze Milch über den Teppich verschüttet wurde und ich die Nacht durchgemacht habe, weil wieder ein Familienmitglied krank war. Es macht mir nichts aus, dass sich meine Chefin gestern mir gegenüber ungerecht benommen hat und ich danach im Regen stand, weil mein Bus ausgefallen ist. Das sind alles keine wirklichen Probleme in Bezug auf das, was ich erlebt habe.«

Mein Wasser wird in meinen fordernden Alltag immer wieder trüb, weil mich der Alltagsstress ebenso nervt wie jeden anderen, doch im Unterschied zu früher lande ich viel schneller an dem Punkt der Demut. Ich muss nicht alles allein schaffen, es muss nicht laufen, wie in der gesellschaftlichen Annahme, dass es so richtig ist. Ich frage mich »Was will ich? Wie wichtig ist das, was ich will? Was ist gerade dran?«, und dann höre ich in mich hinein.

Es geht viel eher darum, dass ich leben will, was ich schreibe. Dass ich mich immer wieder daran erinnere. In dieser Absicht stecken eine Menge Umwege, Kompromisse, Fehltritte und das ist in Ordnung. Viel eher stoße ich seit dem erlebten Ausnahmezustand an meine Grenzen, zerpflücke meine Dogmen, nehme sie auseinander, werfe sie aus dem Fenster.

Und wie ich da so stehe, am geöffneten Fenster, um die Zeit für einen Moment stillstehen zu lassen, und die Sonne hinter den schwarzen Tannen auf einem blassrosa Himmel untergeht, merke ich, wie die kalte Luft in den stickigen Raum eindringt und sehe das Schöne im Hässlichen. Ich halte es fest, denn es relativiert die Milch auf dem Teppich und saugt sie auf, bevor es stinkt.
An dunklen Tagen kratze ich alles Licht zusammen, dass ich finden kann. Dann sitze ich in einer warmen Lichtkugel und sortiere mich.

In der Schule unserer Söhne nennt man es »ein warmes Pelzchen bekommen«, wenn einem jemand etwas Gutes tut. Am Anfang der 1. Klasse erstellen die Kinder eine Mappe mit jeweils einem Pelzchen auf einer Seite und einem gemalten Bild darunter, das zeigt, in welcher Form ihnen Gutes widerfahren ist.
Begleitet wird das Erstellen der Bilder von der Geschichte »Die kleinen Leute von Swabedoo«, die sich täglich und völlig selbstverständlich untereinander Pelzchen schenkten, um damit auszudrücken »Ich mag dich.« Die Bewohner von Swabedoo sind glücklich und zufrieden,

bis ein gemeiner Kobold einem Bewohner rät, seine Pelzchen nicht mehr zu verschenken, weil dann die Gefahr besteht, dass er am Ende keine mehr für sich selbst hat. Das ist im Dorf der Swabedoos noch nie vorgekommen, denn immer, wenn ein Pelzchen verschenkt wurde, bekam der Schenkende von einem anderen als Anerkennung ein Neues. Aber der Bewohner war von dem Zeitpunkt an misstrauisch und steckte mit seinem Verhalten nach und nach alle im Dorf an, bis niemand mehr einen Sack Pelzchen zum Verschenken mit sich trug, sondern lieber unter seinem Bett versteckte. Die Bewohner von Swabedoo wurden nach und nach krank, und einige starben sogar. Das hatte der Kobold nicht gewollt, er wollte doch nur zeigen, wie die Welt dort draußen »wirklich« ist. Er versuchte, das Misstrauen rückgängig zu machen, das er gesät hatte. Das gelang bei einigen Bewohnern des Dorfes, leider nicht bei allen und so blieb ein Kreis Misstrauischer übrig. Und so geschah das Verschenken von Pelzchen zwar wieder, aber viel seltener als zuvor. Ein kleiner Bewohner von Swabedoo hielt jedoch daran fest, dass es vor allem schön ist, dass das Verschenken von Pelzchen noch passiert, egal wie häufig es stattfindet und ob es offen oder im Verborgenen geschieht.

Beim Sortieren in meiner Lichtkugel versuche ich, mich daran zu erinnern, wann mir das letzte Mal jemand etwas Gutes getan, ein »Pelzchen« geschenkt hat.
Ich lande bei heute Morgen und bin selbst verwundert. Mein Gefühl ist es eigentlich, dass ich seit langem gebe, versorge, mich kümmere und wenig empfange. Die letzten Jahre haben mich ausgelutscht. Wie ein plattes Fruchtquetschie, kaum noch etwas drin. Das ist kein schöner Zustand. Trotzdem will ich mich von dem bissigen Sarkasmus, der immer wieder aus meiner Erschöpfung heraus spricht, nicht mitreißen lassen.
Ich bleibe im Schein meiner Lichtkugel, den Kopf auf mein bekommenes Pelzchen gebettet. Liegen und bescheinen lassen. Empfangen und sehen, was schon längst da ist.

Ich frage mich, was diese Lebenskrise mit mir macht. Wer bin ich anhand der Krise? Wie sieht meine neue Identität aus? Worauf ist mein Selbstbild gebaut? Wie sehr tut es mir weh, dass meine Illusionen von meinem Leben zerbrochen sind? Wurden in mir neue Sichtweisen aufgebrochen? Wenn ja, welche?

Beim Beantworten der Fragen wird etwas deutlich: Die Gelegenheit der Krise besteht für mich nicht darin, besser zu werden, sondern authentischer.

Ich will nicht schöner und glänzender aufstehen, sondern ich will mich selbst noch im Spiegel erkennen. Zugleich will ich anderen nichts vormachen, möchte zeigen dürfen, wie das Leben ist, mit all den Dämmen, der Fülle und dem Schmerz. Ich möchte Menschen ermutigen, sich mitzuteilen. Erzählen und zuhören, einander verstehen, um ein paar Schritte gemeinsam zu gehen.

In dem Gedicht »Alles ist gut« von Wolfgang Poeplau heißt es:

> »Du lernst: Alles ist gut, wie es ist.
> Es gibt nichts hinzuzufügen
> und nichts wegzunehmen.
>
> Und du weißt, es ist nicht Schwäche
> oder Gleichgültigkeit,
> die dich so denken lässt.
>
> Wenn das Notwendige getan
> und das Überflüssige verworfen,
> wenn das Zuviel verschenkt
> und das Zuwenig verschmerzt ist,
> wenn alle Irrtümer aufgebraucht sind,
> kann das Fest des Lebens beginnen.«

Dass es weder Schwäche noch Gleichgültigkeit ist, die mich nichts produzieren lassen und den Schmerz respektieren, statt ihn wegzunehmen, das möchte ich aus dieser schweren Zeit mitnehmen. Ich habe das Notwendigste getan, habe mich zuerst um unsere Söhne und, als es mir möglich war, auch um mich gekümmert. Ich bin immer noch Katharina, lediglich meine Reifejacke ist weiter geworden. Darunter schlägt unermüdlich mein weiches Herz.

Mich zu kennen und zu mögen reicht aus. Ich kann alles, was zu viel ist, verschenken, darf mit Leuten uneigennützig Kontakt aufnehmen, ihre Not sehen, und diese Verbundenheit in Form der alltäglichen Nächstenliebe lässt mich das Zuwenig verschmerzen.

Um die Lücke mit Wahrhaftigkeit zu befüllen, ist ein ehrlicher Blick dafür nötig, was ich brauche, und zudem die Erlaubnis von mir selbst, dass das gar nicht so viel sein muss. Nichts muss kompensiert werden, wenn eine Wärmflasche, ein gutes Telefonat oder ein langer Spaziergang als Reichtum angenommen werden kann. Auch wenn es danach ebenso hürdenreich weitergeht. Denn ich kann mich in dieser Wirklichkeit, in der mein Leben passiert auf einen Gott verlassen, der mich liebt und begleitet, egal, was noch kommt. Egal, was kommt.

Freundin, Mutter, Autorin, Frau, Schwester, Tochter, Sozialpädagogin – all das bin ich, doch das sind nicht die Bezeichnungen, durch die ich mich ausschließlich definiere. Meine Definition, aus der ich all meine Kraft, meinen Mut und meine Selbstliebe schöpfe ist »geliebtes Kind Gottes« zu sein. Damit hat alles angefangen und wird alles enden.

»Er ist es, der uns allen das Leben und die Luft zum Atmen gibt und uns mit allem versorgt, was wir zum Leben brauchen.« (Apostelgeschichte 17,25, NGÜ).

Dieses Wissen lässt mich all meine wunderbaren und fehlerhaften Rollen in Eigenverantwortung und aus vollem Herzen heraus leben, denn da wird immer jemand sein, der mich in den Schein der Lampe holt.

Literaturverzeichnis

Bailey, Elisabeth Tova: Das Geräusch einer Schnecke beim Essen.
© Nagel & Kimche, München 2012.

Bjerg, Bov: Auerhaus. © Blumenbar, Berlin 2015.

Bonhoeffer, Dietrich: Widerstand und Ergebung – Briefe und Aufzeichnungen
aus der Haft. © Gütersloher Verlagshaus, Gütersloh 2016. (22. Auflage)

Buiting, Hanna: Möge die Nacht mit dir sein. © Neukirchener Verlagsgesellschaft
mbH, Neukirchen-Vluyn 2020.

de Saint-Exupéry, Antoine: Der kleine Prinz. © Rauch, Bad Salzig 1950.

Grün, Anselm: Was im Alltag guttut. © Herder Verlag, Freiburg 2021.

https://www.duden.de/node/101058/revision/101094, abgerufen am 11.11.2021.

Imlau, Nora: Mein Familienkompass – Was brauche ich und was brauchst du?
© Ullstein, Berlin 2020.

Kaléko, Mascha: Sei klug und halte dich an Wunder: Gedanken über das Leben.
München 2017.

Kirschstein, Melanie: »Meine Angst«, in: Hofmann, Frank: Wandeln –
Mein Fastenwegweiser 2020, © Andere Zeiten e. V., Hamburg 2020.

Koch, Samuel: StehaufMensch! Was macht uns stark? – Kein Resilienz-Ratgeber.
© adeo, Asslar 2019.

Mey, Reinhard: »Zeugnistag«, aus dem Album: Keine ruhige Minute, Intercord
Tonträger GmbH, Stuttgart 1979.

Mokosch, Jeannette: © Jeannette Mokosch, Rotenburg Wümme.

Niemeyer, Susanne: »Der Himmel ist nah« in: Der Andere Advent, © Andere
Zeiten e. V., Hamburg 2018.

Nouwen, Henri J. M.: Jesus nachfolgen: Nach Hause finden in einem Zeitalter der
Angst. © Neufeld Verlag, Cuxhaven 2021.

Pausewang, Gudrun: *Ich gebe nicht auf. Geschichten, Gebete, Gedichte.*
© Signal Verlag Baden-Baden 1987.

Poeplau, Wolfgang: »Alles ist gut«, in: *Der Andere Advent*, Andere Zeiten e. V.,
Hamburg 2018.

Saul, Hans Günter: »So wie als Kind« in: Der Andere Advent. © Andere Zeiten e. V., Hamburg 2018.

Schroeder, Vera: Kleine Fluchten, großes Glück: 20 ungewöhnliche Ideen für ein entspanntes Familienleben. © Kösel, München 2020.

Sjödin, Tomas: Es gibt so viel, was man nicht muss: Von der Einfachheit des Lebens, des Glaubens und der Liebe. © SCM R. Brockhaus, Holzgerlingen 2018.

Smoor, Veronika: Hoffnung leuchtet: Lebe mutig, glaube weiter, mach einen Unterschied. © SCM Collection, Holzgerlingen 2020.

Steffensky, Fulbert: »Die Hoffnung kann lesen« in: Der Andere Advent, © Andere Zeiten e. V., Hamburg 2018.

Voskamp, Ann: Durch meine Risse scheint dein Licht. Inmitten der Zerbrochenheit erfülltes Leben finden. © GerthMedien, Asslar 2018.

Weck, Katharina: Der Chemoritter am Küchentisch. © Neukirchener Verlagsgesellschaft mbH, Neukirchen-Vluyn 2019.

Winnemuth, Meike: »Endlich unbeschwert: Mach dein Leben leichter!«, in: Stern Online, 20.08.2017. https://www.stern.de/gesundheit/psychologie/mach-dein-leben-leichter-meike-winnemuth-ueber-den-weg-zum-einfachen-glueck-7579500.html, abgerufen am 14.11.2021.

Zimmermann, Jennifer. Als Gott mich fallen ließ: Vom Ausharren und Weitergehen mit ihm. © SCM R. Brockhaus, Holzgerlingen 2019.

Zimmermann, Jennifer: »Dreifach-Mama: Bauch ist eine Kraterlandschaft – Darum finde ich mich trotzdem schön.« 23.01.2020 Family bzw. Focus Online, https://www.focus.de/familie/eltern/eltern-berichten/dreifach-mama-bauch-ist-eine-kraterlandschaft-ich-finde-mich-trotzdem-schoen_id_11577770.html, abgerufen am 13.11.2021.

Bibliografische Information der Deutschen Nationalbibliothek:
Die Deutsche Nationalbibliothek verzeichnet diese Publikation in der
Deutschen Nationalbibliografie; detaillierte bibliografische Daten sind im
Internet über http://dnb.d-nb.de abrufbar.

Wo nicht anders vermerkt, sind die verwendeten Bibelstellen entnommen aus:
Lutherbibel, revidierter Text 1984, durchgesehene Ausgabe © 1999 Deutsche
Bibelgesellschaft, Stuttgart.

Neues Leben (NL). Die Bibel, ©der deutschen Ausgabe 2009 und 2017 SCM, R. Brockhaus
in der SCM Verlagsgruppe GmbH, Witten/Holzlingen.

Bibeltext der Neuen Genfer Übersetzung (NGÜ) – Neues Testament und Psalmen.
Copyright © 2011 Genfer Bibelgesellschaft. Wiedergegeben mit freundlicher Genehmigung.
Alle Rechte vorbehalten.

© 2022 Neukirchener Verlagsgesellschaft mbH, Neukirchen-Vluyn
Alle Rechte vorbehalten
Gesamtgestaltung: Miriam Gamper-Brühl, Essen, www.3kreativ.de
Coverfoto: © annie-spratt/unsplash
Fotos Innenteil: © Katharina Weck
Lektorat: Anja Lerz, Moers
Verwendete Schrift: Mr. Eaves und Quickbrush
Gesamtherstellung: Finidr, s.r.o.
Printed in Czech Republic
ISBN 978-3-7615-6820-0 Print
ISBN 978-3-7615-6821-7 E-Book

www.neukirchener-verlage.de